【典藏】

厦 门 文 史 丛 书

中国人民政治协商会议
福建省厦门市委员会 编

叶清 著

厦门绮丽山水

厦门大学出版社

图书在版编目(CIP)数据

厦门绮丽山水/叶清著.—2版.—厦门:厦门大学出版社,2022.1
(厦门文史丛书)
ISBN 978-7-5615-7607-6

Ⅰ.①厦… Ⅱ.①叶… Ⅲ.①城市地理—厦门 Ⅳ.①K925.73

中国版本图书馆 CIP 数据核字(2019)第 242125 号

出　版　人	郑文礼
责任编辑	薛鹏志
版式设计	鼎盛时代
技术编辑	朱　楷

出版发行
社　　址 厦门市软件园二期望海路 39 号
邮政编码 361008
总　　机 0592-2181111　0592-2181406(传真)
营销中心 0592-2184458　0592-2181365
网　　址 http://www.xmupress.com
邮　　箱 xmup@xmupress.com
印　　刷 厦门集大印刷有限公司

开本	720 mm×1 000 mm　1/16
印张	15
插页	3
字数	260 千字
版次	2008 年 2 月第 1 版　2022 年 1 月第 2 版
印次	2022 年 1 月第 1 次印刷
定价	70.00 元

本书如有印装质量问题请直接寄承印厂调换

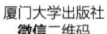
厦门大学出版社
微信二维码

厦门大学出版社
微博二维码

《厦门文史丛书》编委会

- ■ 顾　　问　陈修茂　陈维钦　陈联合　陈耀中　庄　威
　　　　　　　郑兰荪　江曙霞　桂其明　翁云雷
- ■ 主　　任　桂其明
- ■ 副 主 任　陈　韬　朱伟革　钱培青
- ■ 主　　编　洪卜仁
- ■ 编　　委　沈松宝　卢怡恬　张昭春

《厦门绮丽山水》编委会

- ■ 著　　者　叶　清
- ■ 图　　片　叶　清　孙　煌　洪卜仁　白　桦　邹振冈
　　　　　　　郑阿栗　赵建军　朱庆福　谢在团

【序言】

"好雨知时节,当春乃发生。"古往今来,人们总是由衷地赞美春天。因为它充满生机和憧憬,带来的不仅仅是播种的怡悦,还常常伴随着收获的希冀。

在万木复苏、百花盛开、姹紫嫣红、春回大地的日子里,参加厦门市政协十一届一次全会的全体新老政协委员,就是怀着一种播种与收获交织、怡悦与希冀并行的激情,迎来了2007年新春的第一份礼物。根据本届市政协主席会议的研究决定,由厦门市政协与我市文史工作者合作共同推出的"厦门文史丛书"第一方阵——《厦门名人故居》、《厦门电影百年》、《厦门史地丛谈》、《厦门音乐名家》等四种政协文史资料读物终于如期与大家见面了!

这无论在厦门政协文史资料发展历史上,还是在我市先进文化建设进程中,都是可圈可点,很有意义的一件喜事。为此,我首先代表厦门市政协,向直接、间接参与这套"丛书"的组织、策划、编撰、编辑、出版和宣传工作而付出辛勤劳动的有关领导、专家、学者及工作人员,向为此提供宝贵支持的社会各界和热心人,表示衷心的感谢,并致以新春佳节最美好的祝愿!

众所周知,文史资料历来就受到人们的重视和青睐。因为通过它,人们不仅可以自由地超越时空,便捷可靠地了解到一个区域(通常是一个城市)古往今来的进步发展情况,真实形象地感受到这里丰富多彩的文化历史现象,满足自己的求知欲和审美情趣,而且还可以发现许多具有现实意义和参考价值的吉光片羽，并从中汲取激励自己积极向上、奋发有为的养分和力量。

通过文史资料，我们知道：厦门这块热土有着丰富而厚重的历史积淀和文化内涵。迄今四五千年前的新石器时代，厦门岛上就有早期人类生活的遗迹。大概一千二三百年前的唐代中叶，中原汉族就辗转迁徙前来厦门，在岛上拓荒垦殖，繁衍生息。宋元时期，中央政府开始在厦门驻军设防。明朝初年，为了防御倭寇侵犯，在厦门设置永宁卫中、左二所，洪武二十七年（1394年）又在此兴建城堡，命名厦门城。从此，"厦门"的名字正式出现在祖国的版图上，并随着城市的进步发展、知名度的不断提高而逐渐蜚声海内外。今天的厦门，早已不是当年偏僻荒凉的海岛小渔村，而是国内外出名的经济特区、现代化国际性港口风景旅游城市。

通过文史资料，我们还知道：千百年来，依托厦门这方独特的历史舞台，勤劳勇敢、聪明善良的厦门人民，在改造自然与社会、追求进步与发展、争取生存与自由、向往幸福与独立的伟大进程中，谱写了一曲曲感天动地的赞歌，创造了一个个令人惊叹的奇迹，同时也涌现了一批批彪炳青史的俊彦。如以厦门为基地，在当地子弟兵的支持下，民族英雄郑成功完成了跨海东征，收复台湾的辉煌壮举；在其前后，有发明创造"水运仪象台"，被誉为"中国古代和中世纪最伟大的博物学家、科学家之一"的苏颂；有忠勇爱民，抗击外敌，不惜以死殉国的抗英爱国将领陈化成；有爱国爱乡，倾资办学，不愧为"华侨旗帜，民族光辉"的著名侨领陈嘉庚；有国家领导人方毅、叶飞，一代名医林巧稚、著名科学家卢嘉锡，等等。他们的传奇人生、奋斗业绩所折射出的革命传统、斗争精神、民族气节、高尚情操和优秀秉性，经过后人总结升华并赋予时代精神，已成为厦门人民弥足珍惜、继承光大的精神财富，正激励着一代代的厦门儿女为建设小康社会而奋斗！

春风化雨，任重道远。通过文史资料，我们更是知道：改革开放以来，在中国共产党的正确领导下，依靠广大人民群众的聪明才智，在短短的二十多年里，我们的家乡厦门发生了翻天覆地的巨变。这种代表先进生产力的发展要求，代表先进文化的前进方向，代表广大人民群众根本利益的历史性巨变，不仅体现在城市建设、经济发展、生活改善、社会进步等方面，还突出表现在广大人民群众思想观念、道德情操、精神面貌、文明素质等方面所发生的深刻变化。

追根溯源，可以明志兴业。利用人民政协社会联系面广、专业人才荟萃、智力资源集中的优势，通过编撰出版地方文史资料，充分发挥政协文史资料"团结、育人、存史、资政"的功能，这本身就是人民政协履行职能的重要方式之一。值此四种文史资料的诞生，象征丛书的滥觞起，在充分肯定厦门发生的历史巨变而倍感自豪的同时，我们要一如既往地认真学习贯彻中共中央总书记胡锦涛在视察福建、厦门海沧台商投资区的重要讲话精神，学习贯彻中共中央政治局常委、全国政协主席贾庆林在纪念厦门经济特区 25 周年大会上的重要讲话精神，在致力于厦门经济特区经济建设、政治建设、社会建设的同时，从加强特区先进文化建设的高度，进一步加强政协文史工作，充分发挥政协文史资料的功能，以"厦门文史丛书"的启动为契机，严肃认真、兢兢业业地继续做好这项有意义的工作，以不负时代的重托。

我相信，有我市各级政协组织和委员、政协各参加单位的重视参与，有社会各界的支持帮助，有多年来积累的成功经验和有效做法，特别是有一支经受考验锻炼，与海内外各界联系广泛、治学严谨的地方文史专家队伍，只要我们认准目标，锲而不舍，与气势如虹的我市新一轮跨越式发展相称，与方兴未艾的海峡西岸经济区建设呼应，作为一项"功在当代，利在千秋"的重要事业，我市政协文史资料工作一定会取得长足进步，推出更多精品，发挥更大的作用！

城市历史文化，从来是反映城市前进发展中经验与教训的真实记录，是人们在改造自然与社会、创造"三个文明"的历史进程中所留下的重要印记、所提炼的不朽灵魂。以履行政协职能为宗旨，以政协编辑出版的地方文史资料为载体，通过有选择、有重点地记录、反映一座城市（或者相关的一个区域）的历史文化，自觉为建设中国特色社会主义服务，为科学发展服务，为构建和谐文化、和谐社会服务，为祖国统一大业服务，为中华民族的伟大复兴服务。这正是政协文史工作及其相关的文史资料的长处和作用，也是它区别于一般地方文史资料最重要的特色和优势。

也正是基于这种考虑和共识，在厦门市政协党组的高度重视和倾力支持下，市政协文史和学习宣传委员会认真总结近年来编纂出版地方政协文史资料的成功经验，在市委、市政府有关部门，我市有关社会机构和各界人士的帮助下，组织了我市一批有眼光、有经验、有热情、有学识的地方文史专家和专业工作者，经过深思熟虑，反复论证，决定与国家"十一五"计划同步，从 2006 年起，采取"量力而行，每年数册"的方针，利用数年时间，出齐一套大型地方历史文献"厦门文史丛书"。

编辑出版这套"丛书"的目的是，本着"古为今用"的原则，在批判继承前人的基础上，努力挖掘、整理、利用厦门地方历史文化渊薮中有益、有用、健康、进步的或者具有借鉴、警示意义的文史资料，直接为现实服务：为地方历史文物的保护工作服务，为地方文史资料的大众普及和学术研究工作服务，为发挥政协文史资料"团结、育人、存史、资政"的作用服务，为人民政协事业服务，为统一战线工作服务；为遍布海内外，通过寻根问祖，关心了解祖国和家乡过去、现在、将来的厦门籍乡亲服务；为主张两岸交流，反对"台独"阴谋、认同"一个中国"，心系祖国统一大业的炎黄子孙服务；为提高人民群众，尤其是青少年的科学文化素质、道德文明修养，培养"四有"公民，建设学习型、创新型社会，推动厦门经济特区建设实现"更好更快"发展的新目标提供方向保证、智力支持和精神动力服务。

编辑出版这套"丛书"的方针是，不求全责备，面面俱到，只求真实准确，形象生动。即经过文史专家的爬梳剔抉、斟酌考证，尽量选取第一手的"原生态"史料，从本市及其邻近相关区域中所传承积淀下来的文化历史切入，以厦门市为重心，适当延伸至闽南地区，以近现代为主、当代为辅，以厦门城市发展进程中具有典型性、代表性的人物事件为对象，通过"由近及远、由表及里、标本兼顾、源流并述"的方式，尽可能采取可读性强的写法，并辅之以说明问题的历史照片或画面，进行客观而传神的艺术再现。

我在本文的开头特别提到，春天是充满希望与憧憬的时节。反复揣摩案头上还散发着阵阵醉人的油墨芳香近日问世的四种政协文史资料读物，欣喜之余，我想到，虽然这仅仅只是成功的开篇，今后几年里厦门政协文史工作要取得预期的成果，顺利出齐"厦门文史丛书"全部读物的任务还相当繁重，但我坚信，只要我们坚持人民政协"团结、民主"的主题，相信和依靠大家的智慧力量，始终秉持春天一样的热情与锐气，始终把希望和憧憬作为自己前进的目标、动力，一如既往地追求奋斗，我们的事业将永远充满阳光、和谐！

是为序。

陈修茂

（作者系厦门市政协党组书记、主席）
2007 年 2 月 28 日

【前言】

　　厦门是我国东南沿海美丽的城市。阳光、海水、沙滩、绿色、空气，被人们誉为当今世界最吸引游客的旅游五大要素，而厦门全部占尽。大凡来过厦门的人，都无不为它旖旎的海岛风光所陶醉。厦门的魅力不依靠人工匠心雕塑，而是来自它天生丽质的自然景观底色。融碧海、蓝天、青山、绿树、怪石、岛礁、沙滩等胜景于一身，尤其是各种花岗岩风景地貌更令人赏心悦目。可以说厦门是以山姿海韵为特色的国家级的风景园林城市。如果说失去海，厦门将失去三分之二的美，那么千姿百态的花岗岩风景地貌则是厦门岛的灵魂。

　　依山傍海，山色与海景交融。山助海势，海显山威，厦门自然景观的这一特色在全国是少有的。清澈湛蓝的海水，细柔洁白的沙滩；气势磅礴的日光岩，从海面突兀而起；峭岩凌空的五老峰，白云缭绕，缥缥缈缈；巨石嵯峨的虎溪岩，险峻峭拔，奇景天成；巧石玲珑的万石岩，石浪排空，湖光山色；有"洪济观日"胜景的云顶岩，为厦门岛诸峰之冠，立于紫涛苍雾间。还有汇集各种类型千姿百态、惟妙惟肖的海蚀地貌，形态各异，妙趣横生，真是令人赏心悦目，美不胜收……

　　那么是谁雕塑了厦门绮丽绝伦的山水呢？是千百万年地球内外营力共同作用创造出来的，是"上帝"借助大自然之力雕塑这样美不胜收的风景地貌，留给我们这份宝贵的天然遗产。地貌形成的地球内部产生的力量，如岩浆活动、火山喷发、地壳运动，称为内营力（endogenic force）。另一种是地球外部产生的改变地表形态的力量，如风化、重力崩塌、侵蚀（包括海蚀）、搬运及堆积作用，称为外营力（exogenic force）。

厦门的魅力不依靠人工匠心雕琢，而是来自它天生丽质的自然景观底色，得天独厚的亚热带气候，清新纯净的空气，旖旎迷人的海岛风光，浪漫陶然的碧海蓝天。天然的美景，恬适的氛围，丰厚的人文资源，构成厦门魅力特色。厦门的风景地貌绚丽多姿，有惟妙惟肖、千姿百态的海蚀地貌，有壁立千仞、峭岩险峻的构造——风化剥蚀地貌，还有巨石嵯峨，危如累卵的石蛋地貌。

自然环境是大自然经过千万年淘汰、选择所造就的，我们只能顺应自然规律去利用环境，改造环境。一旦破坏自然规律，我们必将受到大自然的惩罚。筼筜港到筼筜湖自然地理环境变迁所带来的种种不良影响就是明证。曲折的海岸线也是厦门岛一道靓丽的风景线，不要随意取直填平。现在东部环岛路风景区经常发生海潮、海水破坏人工植被及流沙现象，编者认为是不合理改变自然地理环境、局部改变海洋动力条件造成的后果。

保护厦门自然地理环境和风景名胜资源，这是摆在厦门人以及每个特区建设者面前的严肃课题。厦门应该让每个来访的旅游者流连忘返，当他们离开时都有这样强烈愿望："我走遍世界各地，唯独厦门最令我陶醉，让我怦然心动，希望下次再来。"

编者

2008年1月8日

| 厦 | 门 | 绮 | 丽 | 山 | 水 |

目录

厦门的地貌 / 1

厦门地质构造 / 1
厦门地貌景观 / 5

厦门岛的山峦 / 8

鹭岛第一山——洪济山 / 10
名胜汇集的万石岩 / 16
城市花园东坪山 / 22
鬼斧神工五老峰 / 23
日光岩缘何奇峻？ / 25
金山地质公园 / 26
狐尾山、仙岳山 / 30
厦门岛的岩洞及山岩命名 / 32

厦门岛的水系 / 35

河流 / 35
厦门岛古河道的遗迹 / 38
厦门岛的生活水源 / 39

厦门的饮用矿泉 / 40
历史上的"七池八河十三溪" / 44

厦门的港湾 / 46

厦门的港口资源 / 48
海洋环境要素 / 50
厦门西港 / 53
同安湾（浔江） / 54
筼筜港 / 55
钟宅湾 / 61
杏林湾 / 63
马銮湾 / 64
鹭江（厦鼓海峡） / 68
古港曾厝垵 / 71
海湾古码头 / 73
海岸 / 77
滩涂 / 79
厦门的海洋资源 / 80

厦门周边的岛屿 / 83

龙口明珠——鸡屿 / 87
龙口要塞——钱屿 / 91
神奇的地质博物馆——火烧屿 / 92
白鹭的家园——大屿 / 96
西港的明珠——宝珠屿 / 98
海上揽胜独领风骚——猴屿 / 101
浔江中的乐土——鳄鱼屿 / 103
海峡之窗——上屿 / 104
景色奇特的礁岩 / 104

绚丽多姿的地貌景观 / 108

千姿百态的海蚀地貌 / 108
南普陀的"钱孔石" / 110
鼓浪屿的发祥地——鼓浪石 / 112
风情妩媚的鸡母山（石） / 114
充满神奇色彩的鼓浪屿"六个礁" / 115
"金靴托天"托起金山半壁山水 / 115
海蚀公园金榜山 / 116
海蚀地貌无处不在 / 119
海蚀地貌的成因及意义 / 121
风情万种的石蛋地貌 / 122
万石岩的魅力 / 122
金山的石蛋地貌 / 124
神秘的虎溪岩 / 125
"白鹿含烟"的地理环境 / 127
鸿山为何能织雨？ / 130
巧夺天工的枕流石和九夏生寒的古避暑洞 / 133
厦门的黄金沙滩 / 135

厦门沧桑巨变 / 140

从地图看厦门岛的沧桑巨变 / 140
厦门海洋地理环境变迁 / 153
厦门地理环境变迁原因 / 156

厦门旧二十四景 / 165

厦门二十四景概述 / 165
大八景 / 168
小八景 / 179
景外景 / 189
厦门旧二十四景今何在 / 195

附　录 / 199

厦门绮丽山水的由来
　　——厦门岛风景地貌的特征 / 200
厦门地理环境的变迁
　　——从地图看厦门岛的沧桑巨变 / 206

参考文献 / 220

后　记 / 222

再版后记 / 224

厦门的地貌

厦门地质构造

厦门地貌景观基础是亚热带海岛风光。岛屿,地理学按成因可以分为3种类型:大陆岛、海洋岛(火山岛和珊瑚岛)、冲积岛。厦门岛、鼓浪屿等属于大陆岛。所谓大陆岛,即原为大陆的一部分,由于断裂构造或海水侵蚀,使它们从大陆分离出去。

厦门地区地质构造位置属于闽东火山断坳带东缘。在地震危险区划图中,本区处于东南沿海频度最高、强度最大的长(乐)—诏(安)地震活动带中段。区内广泛分布着燕山期岩浆岩及侏罗纪火山岩,同时还出露有从中生代侏罗纪至新生代第四纪的地层。厦门地区地层的划分见表1。

表1 厦门地区地层划分表

界	系	统	群(组)	地层代号	
新生界	第四系	全新统	长乐组	Q4	Q
		上更新统	龙海组	Q3	
	上第三系	—	佛昙群	Nft	
中生界	侏罗系	上统	南园组	J3n	
		下统	梨山组	J1l	

厦门地域小，因此地层及岩石种类相对简单。厦门岛东南部分大面积出露燕山期酸性侵入岩，西北角的高崎、殿前也是出露与集美、杏林、海沧连成一体的花岗岩。而从嵩屿至本岛的东渡狐尾山、仙岳山、仙洞山则分布着上侏罗纪的中酸性火山岩。厦门岛的沉积岩出露较少，只有东渡一带，并延伸至火烧屿—嵩屿—鸡屿，分布本地区最古老岩层下侏罗纪梨山组浅变质沉积岩。在筼筜港区、钟宅以及厦门岛东南滨海地区，地貌上或是海积平原，或是堆积阶地，分布着第四纪沉积物。

地质勘探资料表明，厦门岛、鼓浪屿、杏林、集美、西港底部均是距今1.13亿—0.92亿年前燕山晚期侵入的花岗岩构成，说明远古地质时期厦门诸岛和大陆是连在一起。几千万年前，一些深大断裂把厦门岛、鼓浪屿分别从大陆"切割"出去，形成独立的断块。我们只要看看厦门地图（图1），便不难发现厦门岛的原始海岸线笔直，像刀切似。尤其是高空卫星遥感影像，这一现象更为突出，表现出典型断层岸线的特征。如从卫星照片影像

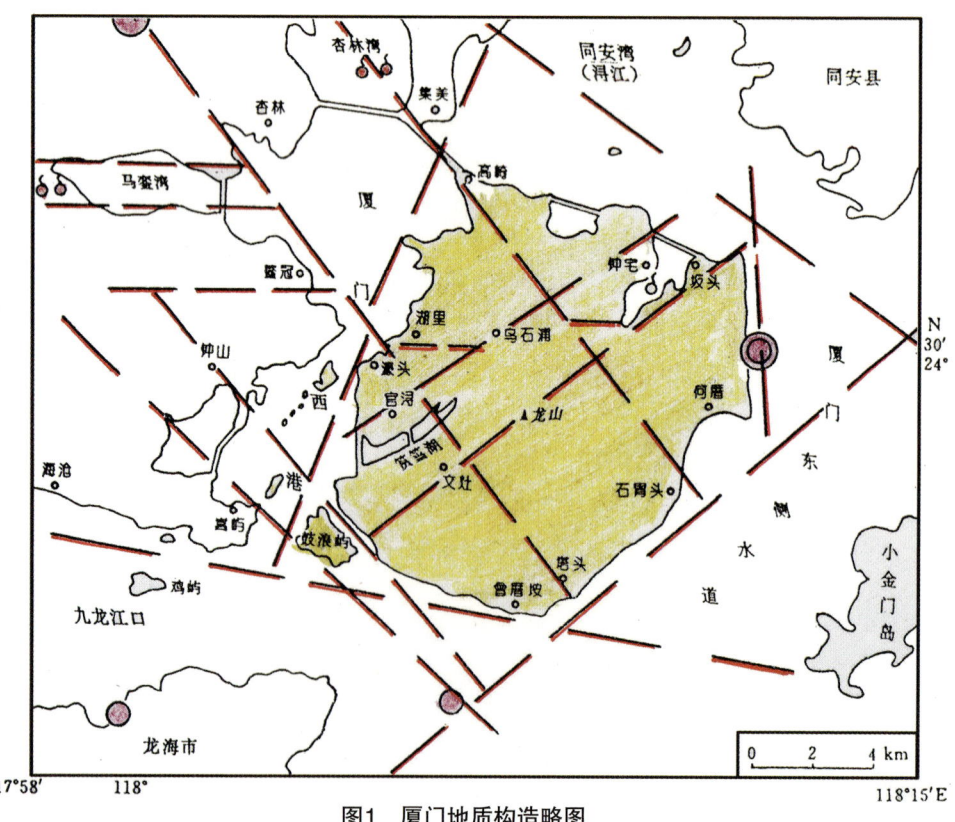

图1　厦门地质构造略图

厦门的地貌

反映出厦门岛南缘—鼓浪屿—嵩屿半岛均为典型断层海岸。西港和浔江（同安湾）同样表现出典型的断层港湾。西港的形态和特征完全与北东向西港—马巷断裂相吻合，形态"L"型的浔江其北段是西港的北延部分，其南段则是北西向天马山断层与九龙江口东西向断裂带的共同产物。北东向西港断裂，把厦门岛从大陆切割出去；北西向鹭江断裂，又把鼓浪屿从厦门岛切割出去。当海水天长日久冲刷走断裂带破碎岩石，便形成一个个海岛，地质学称之断块岛。西港还有一些小岛礁，如宝珠屿、猴屿等，实则是残留的小断块。

卫星照片上厦门岛及邻近地区的线形构造（叶清 供图）

厦门市卫星遥感影像图（厦门市环境信息中心　供图）

厦门的地貌

厦门地貌景观

厦门岛、鼓浪屿等诸岛，自从诞生之时起，还经历无数次地壳构造运动。花岗岩是一种侵入地壳浅部的岩浆岩（俗称火成岩），在成岩过程以及地壳运动作用下产生了许许多多原生节理和构造裂隙。同时还屡遭风化剥蚀，重力崩塌，搬运堆积以及海蚀作用。正是在地球内外营力的改造下，厦门岛、鼓浪屿出现了绚丽多姿的地貌景观。山岩奇特错落有致，洞壑幽谷清僻绝俗，港湾蜿蜒碧波荡漾，黄金沙滩洁白细柔。厦门旖旎风光，都是大自然经过千百万年的雕琢、改造而形成的。

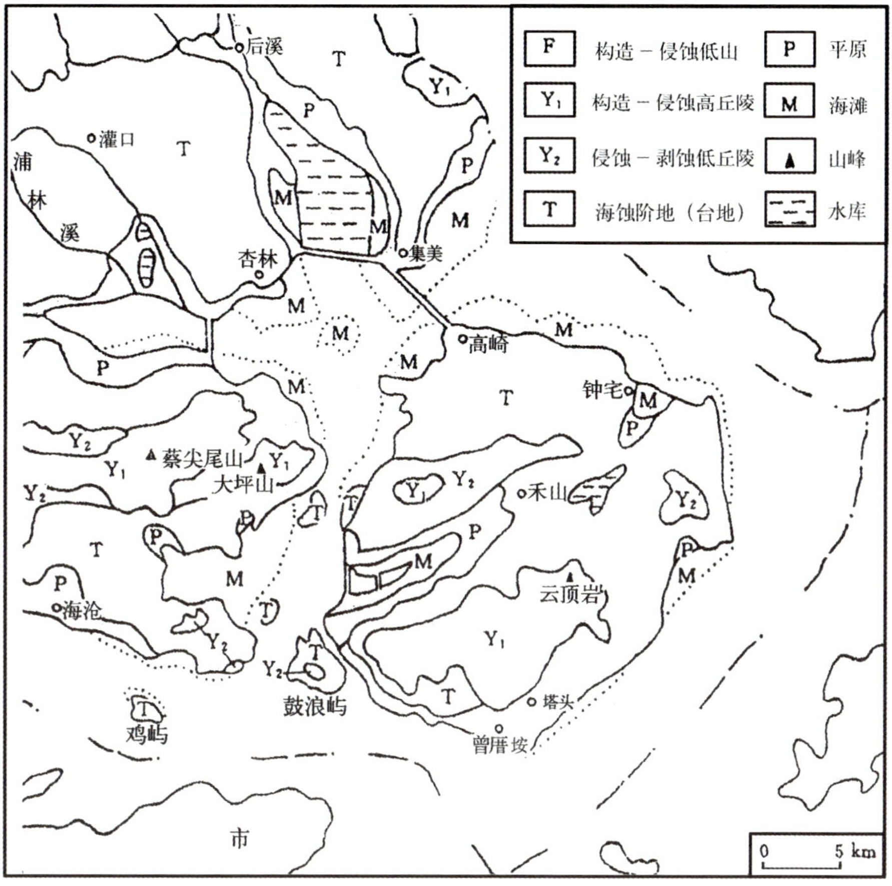

图2 厦门的主要地貌类型

中生代晚期的燕山运动，在厦门地区普遍发生断裂—断块差异的升降运动；新生代的喜马拉雅造山运动是在燕山运动的基础上，以继承性的断裂—断块差异活动为主要特征，形成厦门山峦和港湾。第四纪以来，厦门地区地壳以上升为总趋势，以断裂—断块垂直差异升降运动和间歇性上升运动为主要形式，出现一些海蚀阶地和堆积地貌。如在龙山、仙岳形成海拔25～50米的三级海蚀阶地，在江头形成三级堆积阶地；在文灶、官浔形成海拔15～25米的二级海蚀阶地以及在西郭一带形成二级堆积阶地。在原筼筜港区两侧形成海拔5～15米的一级海蚀阶地以及乌林、吕厝一带的一级堆积阶地，而在原筼筜港港区以及黄厝、曾厝垵、何厝等沿海地区，形成海拔0～5米的海积平原。

厦门各种地貌在其发育过程中，经受了许多种地质作用的影响，而各种地质作用之间又是相互联系的。根据内外营力作用的性质和强弱，厦门地貌类型可划分为：侵蚀—剥蚀地貌，构造—侵蚀地

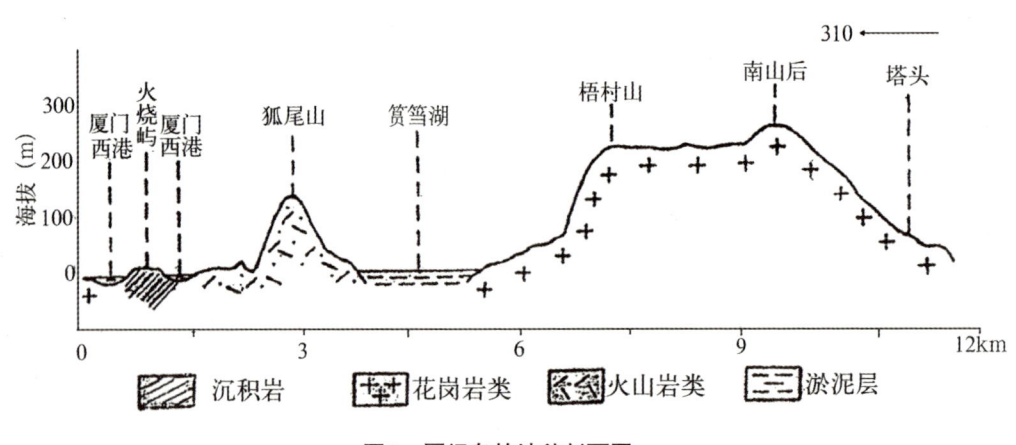

图3 厦门岛的地貌剖面图

貌，堆积地貌和人工地貌等四大类型（图2）。如果以地貌形态及成因相结合，并根据海拔高度和相对切割深度划分，厦门地貌又可以划分为：海拔200～500米的高丘陵（如云顶岩、御屏山、仙岳山、东坪山、梧村山、金山寨山等），海拔50～200米的低丘陵（如狐尾山、曾山、太平山、阳台山、上李山、五老山等），山间浅谷，沟谷地貌和山坡堆积地貌，河流地貌，海岸地貌，人工地貌等。

厦门的面积虽然有限，行政辖区内六个区总面积1516.12平方千米。厦门岛南北长13.7千米，东西宽12.5千米。全岛总面积（含鼓浪屿）约130平方千米，但是厦门的地势和地貌却有明显的空间差异，地貌的组合及地貌特征的多样性在一定程度上也反映出这种空间差异。

就厦门岛地势而言，从西北向东南的剖面上呈马鞍状（图3）：两头高属丘陵地貌，中部地区较低属海积平原（筼筜湖区）。同时，厦门地处北东向长乐—诏安断裂带，东西向漳州—厦门断裂带以及北西向断裂带交汇部位。因此，山峦、港湾、海岸线、岛礁的分布都受构造控制，呈北东向、北西向及近东西走向。河流（地表径流）短小，沿断裂构造发育或循地形倾斜直流入海。有关厦门各种地貌的特征，笔者将在后面部分给予分别介绍。

厦门岛的山峦

人们是这样形容厦门的:"城在景中,景在城中""城在海中,海在城中""城在山中,山在城中",清朝道光年间的《厦门志》也是这样记载:"厦门四面皆海";"幅员虽小,而形势险要,山川雄峻。"可以说,这就是厦门山水形势的真实写照。

厦门岛的山峦海拔均不高,洪济山的云顶岩为厦门岛最高点,海拔339.6米。除了仙岳山(212.7米)外,海拔高度大于200米的山峰均分布在厦门岛东南部的花岗岩地区,有御屏山(西牯岭)、东坪山、东宅山、龙舌山、梧村山、金山寨山、南山后山,等等。然而,厦门山峦"形势险要,山川雄峻",重峦如涌,叠翠溢青,奇峰峭拔,怪石嶙峋,飞泉流涧,风光旖旎,是厦门风景地貌景观的主体。

厦门岛的山峦都属于构造—侵蚀丘陵或侵蚀—剥蚀丘陵,山势走向大多受地质构造的控制。以北东向筼筜港—钟宅断陷港湾为界,把厦门岛分成岩性及地貌截然不同的两部分。厦门岛西北部分为由火山岩构成的丘陵和成片分布的波状红土台地。火山岩丘陵多呈浑圆状,坡度比较和缓,土层较深厚。而厦门岛东南部分以距今1亿年前中生代晚期花岗岩形成的丘陵,这些丘陵多呈孤丘状。由于基岩裸露,球状风化强烈,石蛋地貌发育,常常形成十分壮丽的"石浪排天"的景观。石蛋垒垒,各种风动石、石砌洞壑,层出不穷。无论是云顶岩、万石岩、虎溪岩,还是东坪山、金山寨山,这种典型的花岗岩风景地貌屡见不鲜,不少还成名胜古迹。

厦门岛有主要山峰(岭)103座,鼓浪屿有8座,分布情况如表2。

表2 厦门岛主要山峰分布表

山峰名称	海拔高度（米）	位置	山峰名称	海拔高度（米）	位置	山峰名称	海拔高度（米）	位置
云顶岩	339.6	黄厝	磨心山	118.0	洪文	安兜山	51.3	枋湖
御屏山	264.0	万石岩	朝山	115.6	江头	金榜山	51.0	梧村
观音山	251.7	西林	半岭山	112.4	公园	钟山	50.4	后坑
南山后山	237.2	西林	鼓山	107.1	厦港	胡边山	50.0	曾厝垵
东坪山	221.7	梧村	对高山	105.0	前埔	香山	49.7	何厝
东宅山	220.7	曾厝垵	鸡南山	105.0	新垵	白鹤岭	49.4	公园
鸡舌山	219.7	午梧村	乌龟山	101.9	厦大	麒麟山	48.7	文安
仙岳山	212.7	西郭	鸿山	99.2	厦港	双巷石山	47.2	前埔
龙舌山	21.0.5	梧村	龙山	98.0	莲坂	马山	46.0	后坑
梧村山	208.9	梧村	蝙蝠洞山	94.6	文灶	神山	43.2	高殿
碧岩山	207.8	西林	不见天	90.6	厦港	石井山	42.6	厦大
金山寨山	201.9	黄厝	金亭山	89.0	梧村	鸡山	42.4	五通
虎山	201.3	西山	顶溪山	86.0	厦大	白鹤岩	40.5	公园
阳台山	192.8	万石岩	古楼山	85.0	前埔	七星山	40.0	西郭
马垵山	191.6	梧村	东芳山	82.0	西林	苏山	40.0	洪文
五老山（主峰）	184.7	厦大	牛头山	77.2	东渡	营内山	39.4	黄厝
洪脊山	181.3	黄厝	麻疯山	75.2	塔厝	龙头山	38.4	马垄
曾山	174.7	曾厝垵	南山	73.0	前埔	关刀山	38.3	枋湖
无尾塔山	172.2	西林	龙虎山	72.0	曾厝垵	白果山	37.6	江头
西姑北山	170.4	文灶	石头皮山	71.3	塘边	后顶山	33.3	洪文
太平山	168.0	虎园	石鼓山	70.3	洪文	骑马山	31.0	县后
火烧麒麟山	165.5	梧村	赤坡山	67.8	何厝	虎头山	30.0	枋湖
寨仔山	159.4	东渡	薛岭山	66.8	后埔	半屏山	29.1	何厝
后厝山	150.1	曾厝垵	坂尾山	63.1	双浦	县后山	27.9	县后
上李山	147.7	曾厝垵	观音山	61.1	何厝	胡里山	25.2	厦大
狮山	145.8	厦大	蜂巢山	60.1	厦港	大石湖山	25.0	高殿
仙洞山	141.9	塘边	面前山	59.6	梧村	美头山	23.7	美仁宫
大厝山	140.2	梧村	广播山	59.1	前埔	后尾山	20.8	高殿
狐尾山	140.1	东渡	金山	58.9	后坑	澳头山	10.0	五通
中岩山	137.7	虎园	万寿山	58.1	文灶	日光岩	92.7	龙头
虎仔山	135.9	何厝	后蜂巢山	57.3	厦港	鸡母山	66.1	内厝

【9】

续表

山峰名称	海拔高度（米）	位置	山峰名称	海拔高度（米）	位置	山峰名称	海拔高度（米）	位置
钟山	132.6	虎园	风动山	56.5	塘边	旗尾山	64.7	内厝
狮头山	129.1	虎园	白灰山	55.2	梧村	笔架山	58.7	内厝
外清山	127.6	镇海	双狮山	53.6	东渡	升旗山	54.2	龙头
高刘山	126.0	前埔	虎头山	53.3	文安	骆驼山	44.5	内厝
曹坑山	119.6	黄厝	前埔山	52.0	塔厝	燕尾山	26.6	内厝
斑鸠山	119.3	梧村	长山	52.0	梧村	兆和山	20.6	内厝

鹭岛第一山——洪济山

　　洪济山位于厦门岛东南部，整座山走势为西北—东南走向。厦门岛的最高山峰是洪济山的云顶岩，海拔339.6米。由最高点云顶岩依次高刘山、南山、对高山、广播山，向石胄头海边倾斜。洪济山在花岗岩裸露地区，因此石蛋地貌十分发育。自山巅云顶岩至山腰有不少名胜古迹，如方广寺、龙门、一片瓦、风动石、星石、留云洞等，除方广寺是人工建筑物外，其

云顶岩的海蚀地貌（叶清　供图）

厦门岛的山峦

余天然景物都是各种地质作用的产物,是典型的石蛋地貌。据清道光《厦门志》载:"登洪济山顶,一览可尽。""峭拔耸秀,嘉禾山脉发源于此,为屿中诸山之冠。""鸡鸣时遥望,日如火轮,从海中跃出紫涛苍雾间,奇观也。""山上下皆巨石屹立……石叠成洞。"

因为地处绝顶,视野开阔,一览众山小。峭拔耸秀,岩奇壑邃,叠翠溢青,每当拂晓,登顶远眺东海,一轮朝阳喷薄而上,蔚为壮观。因而在旧厦门二十四名景中,"洪济观日"被列榜首。云顶岩绝顶古时建有观日台。清晨,曙色熹微,登临远眺,极目东溟,云霞缭绕,一轮红日,喷薄而上,顿时金光万道,渲映波涛,蔚为壮观。因此成为厦门八大景之一的"洪济观日"(云顶观日)。清乾隆年间,厦门诗人蒋国梁曾作一首《洪济浮日》诗曰:"荒台有石绕藤萝,古洞长留云雾多。午夜行吟登绝顶,遥看红日浴清波。"今天,只要经过联系便可在山上部队招待所"云海山庄"过夜,第二天凌晨由导游小姐带领一睹海上日出奇景。

云顶岩的"天际"摩崖石刻(叶清 供图)

云顶岩"龙门"景点（叶清　供图）

云顶岩各种类型地貌景观比比皆是，是地学考察良好的课堂。笔者曾考察云顶岩，认真观察各种地质构造形迹和地貌景观，洪济山位于厦门岛东南部，由距今1.13亿—0.92亿年燕山晚期花岗岩构成，地貌上属构造—侵蚀高丘陵。主要受中生代晚期断裂—断块差异升降运动的影响，山形走势和特征受构造控制较为明显，呈北东、北西走向。云顶岩地形比较陡峭，许多平整的岩石构造面成了摩崖石刻的天然底板。

由于新生代喜马拉雅运动影响，厦门岛表现了在燕山运动基础上继承性普遍隆升的特征，因此在云顶岩保存不少海蚀地貌。如海拔300米左右"云海山庄"附近的岩石布满海蚀洞，说明岩石原位于海面附近，海水、海浪能及，是地壳上升的有力证据，反映出厦门岛沧桑巨变。由于地

云顶岩的"上石"（叶清 供图）

壳隆升，基岩裸露，构造切割加上强烈风化剥蚀作用，造就不少天然地貌景观。其中球状风化产生的石蛋地貌很发育，如云顶岩的风动石、星石就是这种地质作用的产物。所谓"一片瓦"胜景，乃是一块巨大板状滚石盖在原先形成的洞穴上，成为天然"石屋"。

云顶岩在岩壁间还留存不少很有价值的摩崖石刻，如南宋末年的丞相陆秀夫拥立幼主赵昺，赵昺到嘉禾屿（厦门岛旧称）云顶岩巡视写的"龙门"，清朝闽南海防守备军头领周凯等人在留云洞口倾斜巨石面题记：

大清道光十二年，岁在壬辰七月七日辛亥，兴（化）泉（州）永（春）海防兵备道富阳周凯，刑部郎中侯官杨庆琛，世袭骑都尉龙溪孙云鸿，壬午举人同安吕世宜，国子监生海澄叶化城来游，冒风登观日台，周凯题石。

最有价值的要数明洪武十四年（1381年）五月望日嘉禾巡检赵俊邑与文学家赵宗道同登云顶岩题刻的带佛教莲花图案的"天际"，是厦门岛较早崖刻，比厦门古城还早13年。"天际"意为这里是厦门岛最高处，再走一

【13】

步便可登天了。

云顶岩诸多名胜都与帝王、名士密切相关,最负盛名的是"龙门"。龙门位于方广寺下,由一块大岩石与岩壁天然组成。说它是"门",不如说是由地质构造的节理产生的小"岩巷"。这是花岗岩在受到构造诸力作用下,沿着岩石受力最大剪切面发育而成的,节理面光滑平直,中间破碎岩石风化剥蚀后留下这个"石门"。

为什么把这样一个貌不惊人的石门称作"龙门"呢?据传说当年南宋少帝端宗赵显曾从这里走过。1275年元军大举南侵,朝廷昏庸腐败,奸臣贾似道当政,兵败鲁港后南宋王朝更是风雨飘摇。次年京都临安(杭州)陷落,时任礼部侍郎的大臣陆秀夫在福州拥立赵显为帝,年号景炎,继续抗元事业。为今后退守之策,陆秀夫假借游山玩水携带赵显、赵昺至厦门岛巡视。他们一群人登上洪济山察看地形,并借宿方广寺。茶余饭后,小皇帝常到寺下小径奔跑,出入这个石门。因为是皇帝走过的地方,封建时代把皇帝说成是龙的化身,因此这里便被冠为龙门,并由陆秀夫在附近岩石上题写"龙门"二字摩崖石刻。

景炎三年(1278年)福州被元军攻陷,赵显身亡,陆秀夫又拥立端宗同父异母的8岁弟弟卫王赵昺,年号祥兴,退守广东。崖山会战,宋军大败,陆秀夫背负少帝蹈海殉难,另一位大臣文天祥被俘,忠贞不屈为国捐躯,并写下"人生自古谁无死,留取丹心照汗青"的千古绝唱。这是南宋最为悲壮的一段历史。明代厦门名士池显方游历云顶岩龙门时,感慨万千题诗曰:

翠壁丹崖不可攀,石门龙过海风寒。
擎天力尽孤臣死,唯有留题墨未干。

陆秀夫当年题写的"龙门"二字,经厦门市史学工作者经过千辛万苦,在附近林木茂密的悬崖峭壁上找到。刻有"龙门"的大岩石现在也被人们称为"上石",因为它靠下山小路的一面,由几条巨大岩石裂隙组成一个大大的"上"字,这是花岗岩在长期风吹日晒,岩石不断热胀冷缩造成的。岩石爆裂那一刻发出巨大沉闷的响声,爆裂的时间大约是1980年,山脚下东山村村民都听到这一如同打雷的巨响。那时正是改革开放初期,从此东山村村民发家致富,成为远近闻名的富裕村。因此人们调侃说这个"上"字的出现是好兆头,"上"就是"发",给人带来好运气。当然这样的说法

厦门岛的山峦

陆秀夫题写的"龙门"摩崖石刻（叶清 供图）

是牵强附会，没有科学根据，然而这样一来又给云顶岩增添一处新景点。

云顶岩还有一项令人叫绝的自然景观，这就是云顶岩的"云瀑"。气势磅礴，十分壮观，不可不看。云海、云瀑历来是名山大川著名景观之一，笔者有幸领略过黄山云海苍茫和匡庐乱云飞渡的壮观场面。然而厦门云顶岩"云瀑"，却从没有见过这方面的文字资料。

1995年3月，一个雨过初停的日子，笔者前往洪济山北麓的潘宅。只见一团团、一片片如同棉花絮般的云雾从海面升腾，由东南方向飘飘渺渺而来，开始是些低层碎云，越靠近厦门岛逐渐成为大片低层云。刹时，云雾弥漫，厦门岛时隐时现。云雾穿过黄厝狭窄的滨海平原，沿洪济山东南山坡缓慢攀爬、升腾，云雾逐渐升高，云层不断增厚。当云雾超越云顶岩时，像漫过坝顶的巨大洪流，犹如高悬于山巅的瀑布，突然沿着陡峭的北坡山坳，急流飞泻直下，并且不断翻腾起涛涛"云浪"，顿时云雾蒸腾。望着这瑰奇伟丽的山色美景，真令人心旷神怡，回肠荡气。

云顶岩"云瀑"景观，除了在潘宅可以看到，洪济山北麓的洪山柄、蔡塘等处均可看到。笔者调查了解到，云顶岩云瀑一年出现六七回，都集中在2—5月，尤其是初春的3月份雨后初晴出现的机会最多。笔者仔细查阅了厦门自然地理资料，并具体分析这一带的地貌特征，初步得出云瀑出现的基本成因。

洪济山是一个东南—西北走向的山脉，东南山坡较平缓，约12度左右。而北坡山势较陡峭约27～30度，并且往东北方向伸出小山脚—磨心山，形成一个小山坳。厦门地区3月正是初春，气温逐渐增高，相对湿度也增大。因此，3月是一年中锋面最活跃的时间，云量是全年最大的月份，也是一年中雾日最多的月份，平均日照率全年最低约34%。当雨后初晴，大气层结稳定，初春的低温高压使海面的水气凝成水雾，形成低层云系，气象学称为平流低云。这时只要出现风速不大的东风或东南风，低云便会从金门方向海面飘飞过来，由黄厝一带海滩登陆，沿洪济山东南山坡缓慢爬高至云顶岩巅。最后产生了场面恢宏、气势磅礴的云瀑景观。

站在云顶岩上俯视海面，大、小金门诸岛就在脚下，近在咫尺，历历在目，尽收眼底。郑成功驻军厦门期间，便在云顶岩上设有军事瞭望台，以后岁月云顶岩景区便一直是军事重地。无论厦门岛沦陷时的日军，解放前的国民党军队，还是解放后的人民解放军，都把这里列为战略要地，普通老百姓禁止入内，因此长期鲜为人知。

改革开放以后，云顶岩有限对外开放。海内外游客以及会议代表通过有关部门或旅行社可以到部分景区参观，还可以在高山军事瞭望哨，通过高倍望远镜观察大金门、小金门、大担、二担等台湾当局管辖的岛屿。

名胜汇集的万石岩

不少来厦门游览过的人都有一个共同的感受，厦门最具魅力的地方是万石岩。没有人工雕琢的痕迹，奇景天成，令人拍手叫绝。现在规划的万石岩风景游览区有493

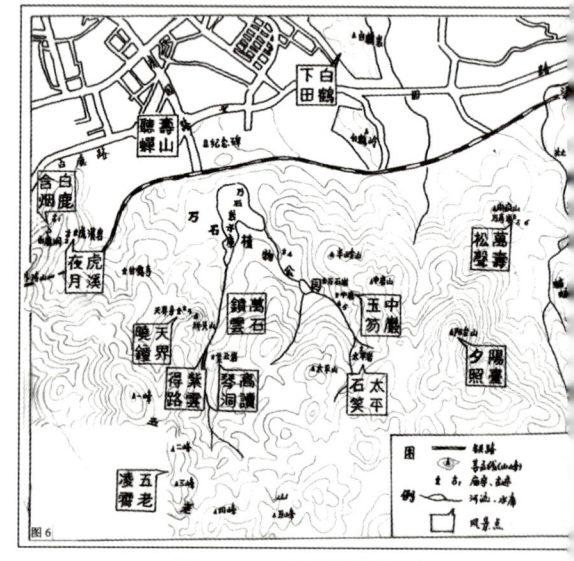

图4　万石岩风景游览区图

公顷（4.93平方千米），从烈士纪念碑到文曾路纵深数千米，在狮山北麓，范围包括阳台山、太平山、中岩山、半岭山、狮头山等。区内山峦绵延，巨石耸立，沟壑深邃，飞泉流涧，美不胜收。

在厦门的旧二十四景中，有十大名景就分布在万石岩风景游览区内（图4）：阳台夕照、太平石笑、中岩玉笏、天界晓钟、万石朝天（万石锁云）、高读琴洞、紫云得路、虎溪夜月、万寿松声、寿山听蝉。可见，说万石岩风景游览区是名胜汇集，一点也不夸张。

万石岩最壮观的莫过于万石林立，绚丽多姿。无论山巅或谷底，万石累累，横竖倾斜，相倚重叠。有的危如累卵，有的稳如泰山，个个朝向蓝天。有的崩崖立石，幽岩邃壑。"磊石插天"，"有石洞，深可半里，纡回曲折，泉流其中"。（《厦门志》）万石岩这种奇特地貌景观驰名中外，称为石蛋地貌（Pebbly landform），是花岗岩地区特殊的风化地貌之一。石蛋者，乃滚石也。花岗岩的岩浆冷凝过程以及后期的构造运动，都会使岩石产生各个方向的构造节理和裂隙，从而把岩体分割成大小不等的块体。由于水、空气及各种微生物长期侵蚀作用，使这些花岗岩块体产生由表及里，

太平石笑（叶清　供图）

中岩玉笏（叶清　供图）

"天界晓钟"景点（叶清　供图）

层层风化剥离，形成无数大小石蛋。这种作用称为球状风化（Spheroidal weathering），在重力作用下，石蛋从山顶、山坡滚落下来，堆积在山麓或谷底，从而构成闻名遐迩的"万石朝天"石蛋地形。

在岩巅石崖之上，刻有"万笏朝天"四个大字。"笏"是古时大臣上朝拿着的手板（奏板），封建时代万民尊崇皇帝为天子，这漫山遍野林立的岩石，犹如千万个奏板朝皇帝呈奏，真是妙不可言。这种地貌景观出现最多的是狮山北部山腰，漫山遍野形状各异的怪石。这一名景称为"万石朝天"，又称"万石锁云"，意思是这里万石高耸，云过此处，被它所阻，如同被锁住一样，崖壁镌刻有"锁云"题记。由于岩石参差错落，叠成大小不同的洞室，加上泉水流过山谷，林木掩映，犹如世外"小桃源"。除此之外，万石岩与太平岩之间的中岩天竺寺庭院中还有一块巨石称"玉笏"，"中岩玉笏"胜景即以此命名。清朝诗人王步蟾有诗曰："中岩地介两岩中，山径萦纡一线通。行到寺门欢喜地，当前玉笏石凌空。"十分形象勾勒出这一盛景。万石岩内有几处山峰必须单独介绍。

长啸洞（叶清　供图）

阳台山 海拔192.8米，山高、树密、洞多、穴深。东邻万寿山，与狮山山脉的太平岩、万石岩、紫云岩、醉仙岩、中岩、虎溪岩、白鹿洞、鸿山均连成一片。用地方志上的话说："石势嵯峨，峰峦耸秀，冠于诸山。带溪之水出焉……"(《鹭江志》)阳台山峰峦叠起，山际一片黄沙。据说黄昏日落之际，百鸟盘旋古树之上，夕阳映照黄沙，山顶一片金光灿烂。峦石流霞，姹紫嫣红，十分瑰丽。构成一幅"阳台夕照，晚鸟投林"的美妙天然画卷。故取景名曰"阳台夕照"。

太平山 又名太平岩，海拔168米。山径皆巨石夹道，狭窄如带。岩前有石如开口状，镌"石笑"二字。"后有石洞，泉流不竭……"(《嘉禾名胜记》)太平岩的"石笑"名闻遐迩，由四块花岗岩滚石相叠而成。上面两石一端互相贴合，另一端张开，宛如一开口在笑的奇观，与下面两石重叠形成一道天然石门。曲径从中穿过，直通茶人之家和太平

象鼻岩、万笏朝天（叶清 供图）

寺。石门上镌有一幅对联："石为迎宾开口笑，山能做主乐天成。""石笑"后面是民族英雄郑成功东征台湾前在此的读书处，并建有小亭，立碑作为纪念。这里确实清幽绝俗，不仅适宜静心读书，也是夏日避暑消闲的好去处。每日都有数以千计游人到太平岩品茗论道，观山观海观市井，听蝉听泉听松涛。

醉仙岩 主峰狮头山，海拔129.1米，是园区内最有灵气的景区。山顶岩石像醉仙堰卧，酩酊入睡，故称为醉仙岩。醉仙岩是万石岩园区最重要景区之一，这里的天界寺是闻名海内外的古刹。自下而上有醴泉洞、天

界寺、黄亭、长啸洞、旷怡台，此外还有仙足迹、仙浴盆等。除亭台阁楼是人工建筑外，许多景点是地质作用产物。岩下的醴泉洞，厦门人俗称"仙洞"，又名仙井洞。洞内仙井是厦门名士（明嘉靖四十四年进士）池浴德（号怀绰）开凿。仙井水质醇甘怡人，是上佳偏硅酸矿泉水，适宜沏茶酿酒。醉仙岩山峰虽然不高，但十分陡峭、险峻。站在长啸洞顶的旷怡台，俯瞰城区街市，确实有登泰峦凌绝顶之感受。因此，古人在长啸洞外的石壁上镌刻有"天界"、"仙岩"大字，意思站在上面已到达天界了。岩下的庙宇也得名天界寺。以前寺庙每日早晚须按例打钟一百零八下，晨钟悠悠传得很远，因而有"天界晓钟"之称。古人有诗云："醉仙古寺入云遥，破晓霜钟落玉霄。尘梦半醒声百八，发人深省上心潮。"

万寿山 又称万寿岩，另名山边岩，海拔仅 58.1 米，是阳台山余脉小山包。山虽不高，有仙则灵。这里漫山遍野青翠欲滴，松树及其它林木茂密，身居其中，犹如在深山老林。明正统七年（1442 年）在山崖巨石上镌刻有"无量寿佛"四个大字（清康熙四十四年太学生马世杰重镌）。"无量寿"即"万寿无疆"之意，万寿岩由此得名。万寿岩有石洞曰"松声洞"，隐伏于蓊郁松林之中。洞顶是一块浑然巨石，俗称"一片瓦"，这应该是地质作用的石蛋地貌洞壑。人若在洞中憩息，清风过处，声如涛涌，别有一番情韵。清朝诗人王步蟾有诗曰："灵山神佛仲春多，万寿岩前络绎过。央道松风声彻耳，翻疑清梵出林阿。"因此这一名景便称

小桃源（叶清　供图）　　　　　　　　醴泉洞（叶清　供图）

"万寿松声"。石洞前岩壁上，还镌有明代抗倭名将俞大猷、戚继光的诗。今日万寿宾馆以岩命名，附近还开辟成住宅小区，古树参天，景色显得格外清幽。在喧嚣的城市里，这里当之无愧是最适合人居环境。

万石岩风景游览区内的紫云岩，"去醉仙岩半里，路曲折。岩有石门如关隘，舆马不能通。就溪中架石桥以通游屐，樵溪之水出焉"。(《嘉禾名胜记》)下有小洞，洞中泉清而冽。洞左有蛟洞，旁有果岩。岩前原有放生池，僧道皎镌"慈湖"二字。岩后有碧莲寺。过樵溪，其高读岩，相传为郑（成功）氏读书处。(《鹭江志》) 这就是二十四景中景外景的"高读琴洞"。为何名"琴洞"？据说樵溪穿流天然石洞，洞中水中一石形如古琴，泉流击石，如奏琴曲，故名之。另紫云岩周围群峰突兀，争奇献秀。时有云雾缭绕，山岩仿佛漂浮在茫茫天际。因此二十四景的景外景"紫云得路"由此得名。这里从前磐石横陈，如同天隑，车马难行，人欲上山而不得其路。清嘉庆戊辰（1808年）郑光沂在此辟路，并在石上镌刻"紫云得路"，既赞颂有路可行，又寓意读书人只要发奋，前程一定美好。

城市花园东坪山

在云顶岩与万石岩之间的东坪山，原本鲜为人知，随着城市新的主干道文曾路的修建，20世纪末东坪山被辟为厦门新城市花园。春暖花开，漫山遍野的三角梅，姹紫嫣红；秋日，天高气爽，市民们成群结队、扶老携幼到这里登山赏菊。繁华、紧张、尘嚣的都市生活，都让我们感到

东坪山（白桦　供图）

烦躁和窒息。人们出于天性，渴望回归大自然，向往恬淡、闲适、浪漫和静谧的环境。东坪山充满原始韵味、纯朴天成、恬静清幽的自然氛围和清新醇醪的空气，最令人倾心。在这样的地方，人们心灵尘埃得以洗浴，烦闷的心情融汇在大自然，变得海阔天空。东坪山正是为我们提供这样享受的休憩天堂。

东坪山（海拔221.7米）与相邻的梧村山（海拔208.9米）龙舌山（海拔210.5米）等一组山峦，呈北西——南东走向，都是花岗岩高丘陵。自东坪山巅朝东南方向依次为南山后山、金山寨山、上李山、曾山，向黄厝海滨倾斜。从山顶到山脚都布满无数花岗岩滚石，大大小小、奇形怪状，凌空独立，倾倚重叠，千姿百态，大气磅礴。加上到处布满幽岩邃洞，还有山溪曲折贯穿山中峡谷，流水淙淙，常年绿荫蔽天，一片苍茫。十分引人入胜，真是人间仙境。

东坪山一带以前"荒山野岭"，人迹罕至，就连地方志的介绍仅有一句"东坪山，在城南七里上李社"。（《厦门志》）除此之外，再无任何文字资料，实为可惜。

东坪山（白桦 供图）

东坪山、龙舌山、御屏山（西牯岭）、西姑北山、五老峰、云顶岩等，是厦门岛蕴涵地表径流较多的山峦。厦门岛主要水系，如双涵溪、后埭溪、文灶溪、东大沟等，其水源多来自这些山峦，有些甚至是优质偏硅酸矿泉水。原厦门市区供水专用水源的上李（上里）水库，是20世纪20年代华侨黄奕住先生的厦门自来水公司建设的，水面约15.6万平方米，库容100万立方米。上李水库汇水面积约2.26平方千米，水源主要来自东坪山系。

鬼斧神工五老峰

厦门岛的自然景观，除后期地球外营力形成的海蚀地貌、风化剥蚀地

五老峰（叶清　供图）

貌外，由地质构造为主创造的构造地貌也不少见。主要分布在东南部花岗岩基岩裸露区，峭拔雄伟的山峦，壁立千仞的沟壑，其中最典型的要属五老峰和虎溪岩。

闻名海内外的南普陀寺雄伟壮观，完全借助五老峰险峻巍峨的山势，使古刹名山相得益彰。五老峰的5个山头峥嵘凌空，山峰上常有云雾缭绕，缥缥缈缈，仿佛隐入霄汉。远远望去，五峰酷以五个阅尽人间沧桑的长须老人，翘首遥望茫茫大海，因此成为厦门大八景之一的"五老凌霄"。古刹名山，相得益彰。据《厦门志》载："五老山，在城南六里。山如五老形，故名。五峰并列，而无尽岩居其中。大石嵌空，其下虚敞。宋僧文翠建普照寺……国朝康熙间，靖海将军施琅重建，改名南普陀。"五老峰的五座山峰以中峰（三峰）最高，海拔184.7米。

五老峰的山岩奇观到处可见，而最典型处莫过于钟鼓两岩及五老峰的奇特造型。五老峰东西两侧各有一座小山峰，一座叫钟山，山上有一巨石悬在山顶，状如古钟，旁边一条岩石如钟锤横架；一座叫鼓山，山上有石如鼓，旁边两块岩石如鼓槌并悬，作击鼓状。钟鼓两岩与南普陀寺的钟鼓两楼互为对应，奇趣天成。

特大"佛"字（白桦　供图）

厦门岛的山峦

　　五老峰的形成，主要归功地质构造（断层或节理）鬼斧神工"劈砍"出来。那些平滑如削的崖面，实则是天然形成的地质构造面，若用手掌轻轻在石面上抚摸，可以感觉到有粗糙感的构造错动擦痕存在。这些崖面还成为镌刻佛教箴言偈语或名士题刻的天然底板，如藏经阁后的石崖上镌刻高4.7米、宽3.7米的特大"佛"字，就占满这样一个石面。

　　当然，一种地貌的形成并非完全靠一种地质作用，构造地貌的产生除地质构造作用外，后期风化剥蚀和重力崩塌也有影响。厦门岛不单单五老峰是地质构造的杰出作品，阳台山、东坪山、西牯岭（御屏山）都存在这种花岗岩构造地貌，这些构造地貌为厦门壮丽的自然风景平添几分妩媚。带几分神奇，几分诡秘的的虎溪岩，沟壑幽深，山岩险峻，是典型的花岗岩构造沟谷，也是地质构造运动造就的。

日光岩缘何奇峻？

　　人们常说："不去鼓浪屿等于没来厦门，不登日光岩等于没到鼓浪屿。"可见日光岩对厦门来说称得上是标志性地理体。日光岩又名晃岩，位于鼓

日光岩（白桦　供图）

浪屿龙头山顶端，海拔92.68米，为鼓浪屿最高点。狭义上所指的日光岩，只是龙头山顶部那块直径40多米的巨石。日光岩陡峭如壁，平如刀削，巨石夹峙，森严壁立，海风穿弄，顿有"九夏生寒"之凉意。尽管日光岩高不及百米，然而它从海面突兀而起，无论从厦门、海沧，还是从海上或站在龙海市岸边，都可看到它的雄姿。难怪诗人郭沫若第一眼看到它，便情不自禁称道："晃岩磅礴沐天风，屹立鹭江第一峰。"

到过日光岩的人都有这样的感觉，沿石阶拾级而上，即使三伏盛夏，穿过壁立千仞的天然石巷和巨石叠合成的天然石洞，就有丝丝凉意袭来，暑气顿消。日光岩这种雄、奇、幽、爽的地理环境和地貌特征，都是经过漫长岁月的地质作用形成的。

构成日光岩的花岗岩，是地下岩浆在地壳深处缓慢凝固结晶而成。整个成岩过程，因受周围温度、压力的影响以及构造运动作用，岩体产生裂隙。随着地壳上升，暴露地表的花岗岩遭受风吹、日晒、雨淋作用进一步破裂，外表破碎的岩石在重力作用下崩落，这就形成险峻陡峭的日光岩。剥落下来的大岩块叠合成"九夏生寒"的古避暑洞了，这个避暑洞从地貌类型说应属于石蛋地貌。

人们都知道在日光岩"鼓浪洞天"旁有两处胜迹——"仙脚桶"、"仙脚迹"。经地学工作者考证，均是远古时期海蚀作用的痕迹。这说明日光岩早期较低，海水海浪能及，是地壳上升才使它傲然屹立成为"鹭江第一峰"。

金山地质公园

在厦门众多花岗岩风景地貌中，金山超凡脱俗，气韵生动，"石浪"排天，气象万千。金山已经是处粗具规模的地质公园，成为福建省和厦门市挂牌的科普教育基地（目前正申请成为国家级科普教育基地），同时还是青少年学习自然科学知识理想的第二课堂和地球科学考察首选之地。

厦门新二十名景之一的"金山松石"，面向大海，依托金山（金山寨山）花岗岩风景地貌的自然优势。以海拔201.9米的金山为主体，环立着曾山、曹坑山、东排山、坑仔山、上李山凌空并列。山上巨岩怪石，千姿百态。金山景区最难得的是汇集各种类型的花岗岩风景地貌，有奇形怪状的海蚀地貌，有妙趣横生的石蛋地貌，还有壁立千仞岩壁、岩巷（如"一线通天"）的构造—风化剥蚀地貌。这些风景地貌不仅景致独特，极富观赏

金山地质公园（叶清　供图）

石蛋地貌"海誓山盟"（叶清　供图）

价值，令人赏心悦目，心醉神迷，而且还蕴涵丰富的自然科学奥秘。

据《厦门志》载："金山……山赤色，无草木，故名"；"郑氏尝阅兵于此。"据另一种说法，是"相传因山藏金子而得名"。由于民族英雄郑成功在金山筑有"金山寨"，驻屯训练水师，抗清复明。"金山寨"与鼓浪屿的"龙头寨"，集美的"浔尾寨"，高崎的"高崎寨"，鸿山的"嘉兴寨"，阳台山的"羊角寨"，同安的"轮山寨"等，都是郑军重要山寨。因此，金山又名"金山寨山"。在此可俯视海面，与大小金门、大担、二担诸岛隔海相望。

地球上的岩石分为三大类：岩浆

石蛋地貌"磊石摩天"
（叶清　供图）

石蛋地貌"蟠桃献瑞"
（叶清　供图）

石蛋地貌"灵鳌探海"
（叶清　供图）

石蛋地貌"金山石谷"
（叶清　供图）

厦门岛的山峦

海蚀地貌"金靴托天"（叶清　供图） 　　海蚀地貌"灵鹫入云"（叶清　供图）

海蚀地貌"熊猫石"（叶清　供图） 　　海蚀地貌"圣手春晖"（叶清　供图）

岩（或称火成岩）、沉积岩、变质岩。岩浆岩，顾名思义是岩浆冷却后形成的岩石，分为喷出岩和侵入岩。狐尾山、仙岳山的流纹岩就是喷出岩，而厦门岛最普通看到的花岗岩属酸性侵入岩。花岗岩由于各种地质作用形成各种地貌，成为厦门岛的主要风景地貌，是厦门岛的灵魂。

所谓地貌（land form），亦称地形，是地壳外貌各种形态的总称，是内动力地质作用和外动力地质作用对地壳作用的产物。金山景区最主要的两种风景地貌（石蛋地貌和海蚀地貌），主要是外营力造出来的。

石蛋地貌（Pebbly Landform）是花岗岩地区特殊的风化地貌之一。石蛋地貌也是厦门岛最常见的地貌景观，在前面介绍的山峦都普遍发育这种地貌。而金山景区的石蛋地貌并不比万石岩逊色，无论山巅或谷底，万石累累，横竖倾攲，相倚重叠，奇景天成，绚丽多姿，出奇入胜。整个景区犹如奇石的海洋，有危如累卵的"磊石摩天"，有稳如泰山的"观音驯猴"、肖形奇绝的"灵鳌探海"，还有"金山石谷"、"海誓山盟"、"沧海云石"、"高山景行"、"蟠桃洞"等景点，无不表现出石蛋地貌的气势磅礴，恢宏壮观，构成一幅金山美轮美奂的立体风景画面。

　　海蚀地貌也是厦门到处都可以看到的风景地貌。著名的"鼓浪石"、鸡母山、日光岩的"仙脚桶"、"仙脚迹"、曾山"观音石"，何厝的"象石"，还有周边小岛都发育很好的海蚀地貌。随着环岛路的建设和开发，原本养在深山及草丛中的海蚀地貌不断被人们发现，其中最著名的是金山的海蚀地貌，或肖形多姿，或巍峨挺拔，都是大自然神奇造化，令文人墨客赞不绝口。如果说石蛋地貌大气，那么海蚀地貌可谓俊秀。如"灵鹫入云"、"金靴托天"、"圣手春晖"、"龙首潮音"、"金山猿人"都是海蚀地貌的精品，惟妙惟肖，令人拍手称绝！

　　海蚀地貌是如何形成的呢？花岗岩虽然是坚硬的石头，但是厦门濒临大海，由于潮汐、波浪、海流等海洋动力的影响，海岸边的岩石长年累月遭受带沙砾的海水冲刷、磨蚀、擦蚀，加上海水里所含盐类矿物质对岩石也有腐蚀、溶蚀作用，便使岩石千疮百孔，形成千姿百态的奇形怪状。这种地质现象称为海蚀作用。海蚀（marine erosion），也称浪蚀。这就出现了我们在厦门到处都可以看到的绚丽多姿的海蚀地貌景观。金山海蚀地貌既然是海岸的岩石受到海水、海浪作用形成的，可是"金山松石"景区标高 100~200 米，距大海也在 1000 米以上，今天的海水、海浪无论如何打不到。这里面蕴涵丰富的科学道理，表明在漫长的地质年代，地壳上升使厦门许多地方沧海变桑田，海岸边的岩石逐渐远离大海变成山峦。海蚀地貌是科普教育见证厦门这种地理环境变迁的有力证据。

　　金山风景地貌不仅成就风景名胜区，还是优良的科普教育基地。随着今后景区开发和进一步挖掘景观资源，有望成为海内外慕名的国家级地质公园。

狐尾山、仙岳山

　　如果我们说在厦门岛上有火山岩，请读者千万不要吃惊。因为厦门地域内虽然尚未发现有火山喷发口，但厦门岛地表确确实实分布晚侏罗纪陆

厦门岛的山峦

相中酸性火山岩，主要出露在东渡、狐尾山、仙岳山、仙洞山一带。并且形成嵩屿—狐尾山—仙岳山呈北东向带状分布，说明厦门岛的火山岩的形成和分布明显受地质构造控制。

从地质勘探资料了解到，狐尾山、仙岳山火山岩的总厚度，大于865米。岩性主要为流纹质晶屑凝灰熔岩、流纹英安质晶屑凝灰熔岩及凝灰岩，夹英安岩、熔结凝灰岩、流纹岩、泥岩、粉砂质泥岩薄层。也就是说，这是一套陆相酸性、中酸性火山岩夹火山沉积建造，具有明显的喷发——沉积韵律。这表明晚侏罗纪厦门有火山活动，但喷发活动并不强烈，并具有间歇性。在火山喷发间歇的陆相碎屑沉积地层中，发现有布朗种枝脉蕨（Cladophlebis cf.browniana）、篦羽叶（Ctenisfalcata）等植物化石。

"海上明珠"塔（厦门气象局　供图）

由中酸性火山构成的山峦，顶部多呈浑圆状，坡度比较和缓，土层较深厚，因此植被覆盖率也较好。但因受侵蚀—剥蚀作用较强烈，水土流失也比较严重，因此比花岗岩区容易产生崩塌、滑塌等地质灾害。

狐尾山，又名虎尾山，在东渡，海拔140.1米；仙岳山，又称屿迁尾山，在西郭，海拔212.7米，是这一带最高山峦；仙洞山，又名前古山，在塘边，海拔141.1米。以前这些山峦都在郊区，与市区相隔筼筜港，荒郊野岭，除了鹭鸟作为栖息地外，少有人涉足。20世纪末，狐尾山、仙岳山先后建设成山地公园，成为厦门市民节假日、周末登山及休闲的最佳去处。尤其是狐尾山顶建成的"海上明珠"塔，成为厦门新的标志性建筑。

厦门岛的岩洞及山岩命名

厦门岛的岩洞

厦门的山多有洞，岩奇洞幽；洞多有泉，泉细林深。虽然现今泉水有所减少，但高岩、奇石、幽洞三者浑然一体的自然景观，仍是厦门山水的特色。《厦门志·山川》记载有以下岩洞：

洪济山 有留云洞。另一处是山之南的"和尚石"，"石叠成洞，可容数百人，昔人避倭处，中有流泉"。

五老山 "有洞名六月寒洞"。

虎山 "山麓有龙湫亭，下有龙洞，四时不涸"。

鸿山 "中一大罅，名龙喉，深不可测，相传昔人避乱处"。

狮山 有长生洞。

金交椅山 "下有穴，甚深黑。相传有刀剑之类，里人入穴取归，夜辄现怪光，投还始息"。

虎溪岩 有棱层洞。山之南为白鹿洞。有泉曰龙泉。

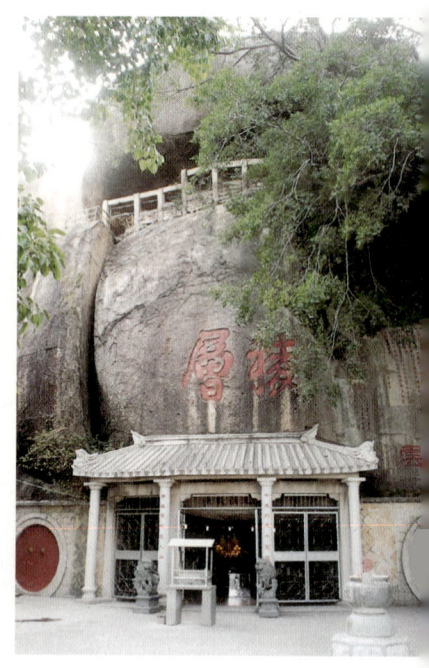

虎溪岩棱层洞、伏虎洞（叶清 供图）

醉仙岩 "寺后有长啸洞，前明征倭诸将勒诗于壁"。

万石岩 "旁有石洞，深可半里。纡回曲折，泉流其中，廓处可坐数十人"。

太平岩 "后有石洞，泉流不竭"。

碧泉岩 "一名石室寺，有泉从石罅出，寺僧琢石为沟引之"。

石泉岩 "有石穴如门，可容出入。内有泉从穴中出，石刻'磊泉'二字以此"。

紫云岩 "（达中庵）下有小洞，洞中有泉而冽。洞左有蚊洞"。

万寿岩 "左有石洞，名一片瓦"。

日光岩 "旁有小洞，堪避暑"（即今之"古避暑洞"）。

还有一些石室、洞穴，虽然地方文献没有记载，但他们与某些发生在厦门岛内的人文、事件有关，更是值得我们驻足采幽。如金榜山有唐代文士陈黯隐居读书的石室，宋代朱熹的《金榜山》诗写道："陈场老子读书处，金榜山前石室中。"现今金榜公园已恢复了旧观。又如阳台山附近的羊角寨，下有深穴，其地系郑成功旧营垒。李禧先生在诗中写道："扫穴草惊秋兔狡，掀波厄恨瞽龙痴。"即吟咏这个遗迹。1651年（明永历五年）施琅从郑成功抗清队伍中"逃匿穴中两日夜"（阮旻锡《海上见闻录》），而另一部文献《台湾外记》则很清楚地指出施琅是"走匿曾厝垵石洞中"。这些岩洞颇有文史价值，值得发掘及恢复。

厦门岛的山、岩命名

厦门岛的山、岩得名据《厦门志·山川》大概有以下几种形式。

物象：

金榜山 "山黄色，如列榜，因名"。

五老山 "山如五老形，故名"。

虎山 "山形俨然一虎蹲踞，因名"。

虎头山 "危石耸起，上载二小石如虎耳，故名"。

狮山 "石势嵯峨，形如伏狮，故名"。

蜂巢山 "高悬如蜂巢，故名"。

醉仙岩 "或曰：远望岩石若醉人偃卧，以形名"。

位置：

望高山 "高可望之，因名"。

中岩 "界万石、太平二岩中,因名"。

寿山岩 一名半山堂,"以其居市与山之半,因名"。

与历史人物、事件有关:

文公山 "相传朱子尝游其巅,故以为名"。

金交椅山 "宋幼主尝登山坐此"。

薛岭 "薛沙卜居于此,人称所居岭北为薛岭"。

外观形状、异象等:

金山 "山赤色,无草木,故名"。

白鹤岭 "常有鹤栖其上,故名"。

醉仙岩 "岩石下有窍,深二尺,挹而复满,味甘可酿,故名醉仙"。

万石岩 "磊石插天,故名"。

鹧鸪岩 一名中岩,相传常有鹧鸪栖息。

厦门岛的水系

厦门的地表水靠大气降水补给，主要有储存在松散岩层的孔隙水、基岩裂隙水及风化残积孔隙裂隙水。这些天然水通过地表沟谷形成流程短的径流，汇集到水库或者直接排泄入海。厦门地表水资源量多年平均值为11.8亿立方米，但水资源量空间分布不均，同安、翔安两区占69.20%，集美、海沧两区占24.44%，而厦门岛只占6.36%左右。尤其人均水资源占有量仅1004立方米，低于全省和全国平均水平。

河流

厦门地区河流地貌并不发育，境内河流短小，河面窄，河床浅，水量随季节变化大，主要分布在岛外的集美、海沧、同安、翔安，有苎溪、西溪、西林溪、官浔溪、龙东溪、浦林溪、埭头溪、霞尾溪等。厦门岛上没有严格定义上的河流，尤其在筼筜湖北岸的火山岩地区狐尾山、仙岳山的沟谷，都是些暂时性流水地貌，平时没有水，只有降雨时有水，常造成严重的水土流失。

厦门岛也有几条较有影响、有流水的小溪，都分布在本岛东南部的花岗岩地区，属花岗岩裂隙水。这些小溪的水源主要来自云顶岩、东坪山、御屏山、五老峰，呈放射状从中间隆起的山岩向四面八方分流。这些小溪虽然水量不大，但是有溪水的地方，都是山岩环抱的峡谷，山明水秀，幽岩邃洞，"连朝宿雾锁嶙峋，芳草烟深迷石碣"。（张锡麟诗）溪水曲折贯穿山中，到处流水淙淙，池潭映碧，绿树蔽天，花木茂盛，真是妙境横生，引人入胜。同时，这些小溪又为本岛作为备用水源的小水库提供补给水，如上李水库、西山水库、东山水库、东坪山水库、万石岩水库、茂后水库、厦大水库等。

双涵溪　发源于东坪山、观音山，长约5000米，是本岛现存较大小溪。经地下管线，最后由八号排洪沟泄入筼筜湖。

后埭溪　发源于御屏山、东坪山，长约4000米。

文灶溪　发源于御屏山、西姑北山，长约3000米。

莲溪　发源于云顶岩北麓，长约3000米。据《厦门志》载："莲溪，在城东北。出洪济山，经莲坂社，达筼筜港，入于海。"

港口溪　原本应是本岛较大一条小溪，发源于东坪山，迂回流过山中峡谷，最后从曾厝垵港口村流入大海，因此得名。据《厦门志》载："港口溪，在城东。出坪山，经上李社，至曾厝垵入于海。"现在的港口溪的水被先后建造的东坪山水库、上李水库分段截流，下流河道便成为干涸的河谷了。

东大沟　发源于五老峰，汇流于厦大水库。

分布在万石岩区的樵溪、水磨坑溪、带溪是万石岩水库主要补给水源。它们虽小，但在地方志上都有介绍：樵溪，"近紫岩，源出狮山，曲折西流，经天界寺前，汇于水磨达于海"。水磨坑溪，"经万石岩，过深田汛，至岳庙前入于海"。带溪，"出阳台山，经白鹤岭，至陡门入于海"。说明它们在厦门地方史所占地位十分重要，不少厦门名士对它们都留下不少脍炙人口的诗文。如清朝诗人蒋国樑的诗："樵溪几曲喷清泉，幽韵泠泠似管弦。竟日洞中听不厌，临流枕石独高眠。"除此还有黄莲士的"山花涧水日悠悠"，黄国栋的"坐对潺潺流水长"，等等，都是对这些溪流幽静而富有诗意的吟颂。

除此之外，厦门岛上还有一些有名小溪，但是现在我们已经很难在岛上寻觅到这些溪水河道的踪迹，只剩下证明它们曾经存在过的地名。譬如有柳树河、岳前河、魁星河、瓮莱河（长寮河）、黄厝河、龙船河、双溪、霞溪，等等，今天再也看不到它们的河道，更见不到流水。据《厦门志》记载："霞溪，在城南。源出双溪，经关仔内，至后海墘入于海。"溪上架一座桥，桥上还有座观音亭，这就是现在桥亭街得名来源。而如今这一带除了矗立起一排排崭新的高楼大厦，还有一条遐迩闻名的干货一条街的霞溪路。关于岛上的古河道，笔者将在下面的"厦门岛古河道的遗迹"补充

厦门岛的水系

介绍。

旧时的厦门岛号称"七池八河十三溪",岛上小河、小溪把天然降水以及岩石中储存的裂隙水汇集到潭沼。这些潭沼在地方志上有据可查的有演武池、双莲池、月眉池、龙湫潭、放生池……

演武池是大家最熟悉的,据《厦门志》载:"在城南澳仔社口较场侧,相传郑氏演武处也。"演武池就是在今天的厦门大学西村宿舍区内,现在残存水面约1万平方米。以前演武池是与厦大校园内的芙蓉池、南普陀的放生池水体相通的,都是古代泻湖(lagoon)的残留部分。相传300多年前,民族英雄郑成功雄踞厦门开府思明,留下许多遗址。

厦门大学的演武池,就是郑成功当年操练部队重要遗迹。演武池已被政府列入重点文物保护单位,关于演武池和古泻湖,笔者将在后面的"厦门地理环境变迁"中补充介绍。

双莲池的名字,厦门人并不陌生,"双莲池,在城西朝天宫下。两池一岸,水相通,因名"。(《鹭江志》)今天的双莲池遗址就是思明区鹭江街道双莲社区所在,已看不到"两池一岸水相通"的景观,被一片老百姓的旧民居所覆盖,只留下"双莲池"这个旧地名让后世人回味。

月眉池,亦称"半月池","在城西傅氏墓前,

演武池(叶清 供图)

形如弦月,故名。亦种瓮菜"。(《鹭江志》)清黄莲士有诗《半月池》曰:"远引岩泉入小渠,一泓寒碧漾清虚。月明半夜山僧起,试问禅心比得如。"足见当年之美景。

龙湫潭,"在城东北洪塘。旧传有龙穿地而出,分为三窦,下通一穴"。(《闽书》)

厦门的旧潭沼,除了留下已知的地名外,大部分遗迹都无从寻觅,有待于地方史学工作者认真考证后,恢复其中部分有价值的地理景观,如双莲池、瓮菜河等。

厦门岛古河道的遗迹

厦门岛有不少地名反映出古地貌,如老市区大陆商厦后面(原妙香路),厦门老百姓称呼"蕹菜河"(或"瓮菜河")。蕹菜(瓮菜),俗称空心菜,闽南以前广泛在水田、河沟种殖。蕹菜河就是古地图清道光十九年(1839年)《厦门全图》上残留的一段标名长寮河的,是岛上排放污水的河道。据《鹭江志》载:"长寮河,在城南袁厝山下,一名鲲池。中浮小洲,曰'桂洲'。""夏日种瓮菜,俗称'瓮菜河'。"由于长寮河(蕹菜河)长期作为厦门岛排污河道,因此河水污染严重,"无鱼虾之利"。但这里种植的水蕹菜,却长势相当好。由于这里河水脏污,蚊蝇丛生,1920年厦门大规模城市建设,蕹菜河才被填平建成市区。

与蕹菜河情况相似,厦门宾馆旁的蓼花路,也是由原来的蓼花溪填平建成的。蓼花,是一种生长在小溪的蓼科(Polygonum)水草,开的穗状淡红或白色小花。

在今天的中山公园有两条古河道,这就是魁星河和柳树河。中山公园南部小山有块峻峭挺拔的巨石——"魁星石",据《鹭江志》:"形如魁星,故名。"石前一条河为魁星河。"魁星石"下还有另一条河,原来在河边种了许多柳树,因此叫"柳树河"。但是在清雍正五年,官方以1000多两白银向私人(贡生黄钟)买下柳树河地皮房基,在那里兴建兴泉永道衙门——道署。现在已见不到这两条河的河道了。

在厦禾路与溪岸路之间的后河路,是由原龙船河填筑而成,历史上的龙船河是发源于阳台山、太平山的水系流入筼筜港最后河段。据《鹭江志》记载:"龙船河,在城西美头山前,与海隔一岸。"每年端午节,厦门人聚集这里,隆重举行龙舟大赛,可见它以前水深河面宽阔。厦门岛这些古河

道，如今都成为高楼林立的闹市区。

近年来，笔者接触了厦门许多大厦建设场地的工程地质资料，在不少钻孔岩芯中，发现沉积层的颗粒分选性和沙砾的磨圆度较好，冲积层的剖面上常见粒度韵律现象以及沉积旋回现象，具有斜层理指示流水方向，表现出明显的古河道沉积环境。譬如从火车站—浦南—莲坂，笔者就认为地下有一条古河道存在。

古河道尽管它不再担负起河流的任何功能，但是了解和认识古河道，对城市的建设规划、建筑设计、工程施工，都具有十分重要的现实意义。如由古河道填筑而成的地方软土地基相对较厚，这里的大楼对每次台湾或邻区发生的强地震，其反应都比鼓浪屿、老市区花岗岩区的建筑物强烈得多。因此，这些地方的建筑物设计和施工的抗震设防尤为重要。

厦门岛的生活水源

厦门岛、鼓浪屿是海岛，岛四周均是海水。岛上一些小溪把天然降水及岩石中储存的裂隙水汇集到潭沼（或小水库），成为居民生活用水主要水源。厦门岛地下主要有松散岩类孔隙水、基岩裂隙水、风化残积

20世纪20年代的上李水库（厦门市城建档案馆　供图）

孔隙水三类，靠大气降水补给。但溪水不适合饮用，饮用水还要靠井水。老百姓在岛上开凿许多私家井和公众井，据不完全统计，厦门岛共有水井2970口，现在大部分已废弃不用。郑成功驻兵厦门时就开凿了许多水井，人们都称之"国姓井"，无论是鼓浪屿、厦门岛、集美都有不少"国姓井"，但是岛上的水井能适合饮用的优质水井为数不多。厦门居民饮用水十分之八九还须从石码用水船运来九龙江水，在第一码头附近上岸，再由担水工卖水，当时卖水形成一个行业。因此，那里附近便有条小巷叫"担水巷"。

20世纪20年代，由厦门工商界人士集资，创办厦门自来水股份有限公司，在曾厝垵上李社修建上李水库，正常降雨量每年可汇集地表径流90万立方米。从上李水库敷设4877米管道，由赤岭水厂将水库水经净化处理，供给市区生活生产用水。但是随着厦门城市经济发展，单靠岛上的水源已远远不能满足供水的需要。20世纪50年代末，便在岛外修建坂头水库、石兜水库作为厦门市工业用水和居民生活用水的新水源，每天约供水8万吨。

20世纪70年代，厦门启动九龙江北溪引水工程，以九龙江作为厦门城市供水的主要水源。1980年5月1日九龙江北溪正式向厦门岛通水，每年约向厦门岛供水1.27亿吨（1993年的数据）。

厦门的饮用矿泉

泉，从地理学的概念是"地下水的天然露头"。按照含水层的空隙性质，地下水一般分为三类，即孔隙水、裂隙水和岩

国姓井（叶清 供图）

溶水。孔隙水存在于渗透性能好的第四纪沙砾、卵石层等疏松沉积物中，这就是我们民间常用打井的方式得到的井水；岩溶水存在于岩溶较发育的石灰岩地区，如桂林、阳朔。另一种地下水就是裂隙水，花岗岩本身渗透性能差不能储存水，但是花岗岩一旦遭受地质构造破坏产生断层破碎带，破碎带就可以含水，这种水往往是优质饮用泉和矿泉。

地下水在含水层内自由流动，并在某一地表出露成泉，还必须具备这样的地质条件，即含水层与隔水层相互组合，形成能够储存地下水的地质环境，地质学称之储水构造（Water—Storing Structure）。没有隔水层的屏障作用，地下水在流动过程中未到达露头处便全部泄漏光，就不可能成泉。

在厦门旧二十四景中，有三个名景与泉水有关，这就是石泉山的"石泉龙液"，厦港巡司顶碧山岩的"石笕飞泉"（"碧山飞泉"），梧村宝山岩的"宝山圣泉"。三个名泉又数"石泉"最有名，清黄莲士诗云："何年残骨结寒冰，剩有荒岩住老僧。汲水颇供禅后粥，卖泉粗给佛前灯。潺湲昼夜无休息，元气淋漓自郁蒸。岛客品茶需汝甚，取携联络上崚嶒。"

据地方志记载，厦门市民一向崇尚饮用石泉水，该泉水便由附近的白鹿洞寺和尚经营出卖，"每取水一担，纳钱四文"，并发给"正石泉水"证明水单。厦门人认为石泉水是最上等的水，有清黄日纪的《石泉岩记》为证："石泉岩，岩因泉而得名也。岩无奇，以泉奇也。曷奇乎泉？以石奇也。曷奇乎石？石愈多则泉愈冽。积石至于千万，则泉之冽宜千万乎他泉也。"据道光《厦门志》载：

> 石泉岩，在城东二里许。有石穴如门，可容出入。内有泉从穴中出，石刻"磊泉"二字以此。又有镌于侧曰："孤嶂何年留铁骨，寒泉终古结冰心。"去磊泉数丈，又有一泉曰"小石泉"，名冽泉。与石泉隔一山，味同而流少，僧取以售焉。

据查，厦门没有"石泉岩"这一地名，只有思明区中华街道镇海社区有一条不长的石泉路。由于这一带是军队干休所、宾馆、政府机关办公及宿舍所在地，且地势较高，人们通常称"石泉山"。所谓出名泉的"石泉岩"，应该是鸿山北麓与外清山间的小山洼石穴，在白鹿洞寺附近。泉水从穴中潺潺流出，常年不竭，水质清澈透明，甘冽爽口，是沏茶煮茗的极品好水，香气特发，被称为"石泉龙液"。笔者长期生活、工作在石泉路，虽然原来的"石泉龙液"景观已不复存在,但是鸿山北麓山沟的岩层确实蕴藏泉水。厦门市民防办公室院内的战备地下指挥部洞口的岩石,有潺潺滴滴的泉水流下,尽管流量不大,但常年不竭。

那么石泉是如何形成的呢?石泉处在厦门岛的花岗岩区,属于地质裂隙泉,泉水由地表水经岩石裂隙渗透汇集到含水的破碎带。经过破碎带过滤后的优质地下水,在断层破碎带流动,并在地形较低的山麓石穴出露成为泉水。石泉应该属于优质的偏硅酸矿泉水。可惜今日名景已废。

除石泉,碧山岩的"飞泉"也很有名。据道光《厦门志》载:

> 碧泉岩,去城南四里许,与普照寺相近,一名石室寺。有泉从石罅出,寺僧琢石为沟引之。石室旁巨石,李廷机镌"碧泉"二字。又有草书"飞泉"二字,不署名。旧志以为林太常宗载书也。山门两壁屹立,右有万历间陈第、沈有容题名,左题"龙洲卧冈"四字。

这就是厦门二十四景之景外景的"石笕飞泉",也称为"碧山飞泉"。清陈文铺的诗:"小小一禅寺,依山亦自幽。泉声归洞碧,海色上林秋。客到云为侣,僧闲鸟作俦。凭栏遥眺望,极目大江流。"说的就是此景,时至今日,名景亦已废。

"宝山圣泉"因为相传皇帝喝过,而声名远播。有清黄莲士诗为证:"瞻松寻石白云边,路转峰回古洞天。地落他家犹姓董,饮因帝子始名泉。寺静只缘无俗客,僧勤还自理春田。山中风景堪图画,鸡犬煦煦白昼眠。"据《嘉禾名胜记》、《鹭江志》载:"宝山岩,去城北十里。在吴仓社后,一名董内岩。地甚幽僻,中建寺,有泉名'圣泉'。相传宋幼主尝掬饮之。"宝山岩现属金榜公园景区,此处幽静雅趣,林木婆娑,郁郁葱葱,四季鲜花飘香,确实是游玩休闲的好去处。

厦门旧时的名泉,现在基本空有其名,因此都被从厦门新二十名景的名单中淘汰出局。这是为什么?因为这些名泉不是断流,就是景废。以石泉为例,今天既看不到"石泉龙液"美景,也喝不上曾让厦门人如此痴迷的甘冽爽口的上佳泉水了。"石泉"断流的原因是什么?笔者对此进行多年探讨,初步认为石泉附近原为风景区,僻静少居民。千百年来,泉水生成的自然环境地质条件未受破坏,因此清泉长年不竭,自石穴而出。

20世纪70年代由于备战的需要,这一带山体内深挖洞,人防坑道纵横交错。改革开放以来,这一带开山、修路、盖楼日盛,往昔地理环境面

貌全非。这样的开发以及一系列爆破，必然引起山体内花岗岩开裂，造成山脉中原本不透水的岩体变成透水体，储水的地质环境遭受破坏，泉水在山体内大量泄漏光了。俗话称断了"龙脉"，"龙脉"既断，自然不会有"石泉龙液"流淌。

尽管厦门旧时的名泉大多数已消失，但是一些优质饮用矿泉不断被发现并被开发。20年前，人们对"一瓶清水卖得比汽水贵"觉得不可思议，时至今日，矿泉水几乎是市场上最主要的饮料。矿泉水简称矿泉，是以其温度、特殊的化学成分，或自由溢出气体而区别于一般地下水。从广义上讲，矿泉包含有浴用矿泉和饮用矿泉两种。如厦门温泉，属浴用矿泉。矿泉浴所以能治病，是通过矿泉水的温度、压力及水里矿物质成分等综合作用，刺激皮肤毛细血管扩张，促进血液循环，提高新陈代谢能力。但是人们平常习惯称的矿泉水，仅仅指饮用矿泉。由于矿泉产生是地下水与围岩介质发生溶滤作用形成的，根据产生的岩层性质和地质环境，矿泉除了含一些硅酸、碳酸等大量元素外，还含有一般泉水没有的碘、氡、锂、锶、硼、硒、锌、铁、锰、钼、铬等微量元素。人们通过饮用矿泉水补充人体所需的元素，在体内发生生物化学作用，改善身体各器官的功效。矿泉水因为直接来自岩层，不受地表水污染，因此一般较清澈透明。

饮用矿泉是厦门20世纪80年代以后发现和开发最成功的自然资源。矿泉水资源丰富，水质优良，口感纯正，可利用矿泉水资源发展部分支柱产业。同安、翔安已发现饮用矿泉的矿点有10处：大同镇岳口、梅山、西源、万寿山，内厝东岭、狮子岭，新圩马塘，汀溪五峰，西柯美人山，新店等地。其中马塘矿泉日采量可达138.47吨，每升含钼0.08～0.14毫克，偏硅酸71.38～80.43毫克，锶0.14～0.18毫克，具有防癌、预防衰老、促进生长、强化骨骼的功能。厦门岛也有五老峰、龙舌山等处饮用矿泉资源。厦门岛的饮用矿泉主要分布在东南部花岗岩区，属花岗岩构造裂隙水。由于厦门岛四周海水环抱，因此无论是"天第"矿泉和"龙舌山"矿泉，均是花岗岩低山丘陵涵养的地表水经断裂破碎带溶滤产生的，属低钠、低矿化度偏硅酸型饮用矿泉。如"天第"矿泉主要就是五老峰优质泉水，而"龙舌山"矿泉水是发源东坪山系的龙舌山优质矿泉水。

历史上的"七池八河十三溪"

由于地形和气候等因素的影响,厦门境内河流多而短小,河面窄河床浅,流量季节变化明显。厦门岛上大多是放射状间歇性的小河。目前这些短小的溪河有的因年代久远,泥沙淤积,已经消失,大多数则在上游就被拦蓄形成池塘或水库,如湖边水库、上李水库等,雨季成溪,旱季成沟,自岛腹地向四周独流入海。历史上厦门有过所谓"七池、八河、十三溪"。

七池：

1. 月眉池：因形如弦月而得名。在今思明东路第七市场,尚有月眉池巷。
2. 双莲池：因两池相连如并蒂莲而得名。在今海岸街通故宫路之间,尚有双莲池街。
3. 河仔池：在今厦门港料船头街附近的南溪仔墘街。
4. 八卦池：今道平路九条巷间的八卦埕为其池址。
5. 演武池：相传郑成功在演武亭畔训练水师,故名。原地址在今厦大西村职工宿舍区内。
6. 澳仔大池：今思明南路渔民小学前的民房,为其池址。
7. 放生池：在今南普陀寺前。

八河：

1. 龙船河：厦禾路美头山下,现后河路。
2. 长寮河：即蕹菜河,一名鲲池。在思明南路原新南轩酒家一带。妙香路的中岸路、霞溪路的后岸巷,即其一段河岸。
3. 黄厝河：在今思明区中华街道黄厝巷一带。
4. 关刀河：在厦门港福海宫边,因河形似关刀而得名。今围仔内关刀河巷,为原河址。
5. 岳前河：在中山公园北门原东岳庙前,今公园内水景有一部分原来就是岳前河,旧称东岳河,《厦门志》称"中有小小洲,荷庵在焉"。
6. 魁星河：与东岳河衔接,因邻近有魁星石、魁星阁而得名。建中山公园时划为公园水景。

7、盐草河：在东岳河与魁星河之间，后划归中山公园。

8、竹仔河：河址在今镇海路九竹巷一段。

十三溪：

1. 樵溪：源出狮山，曲折西流，经天界寺前，与水磨坑溪汇集，再经百家村进中山公园，然后入海。

2. 水磨坑溪：经万石岩过百花村，至东岳河入海。

3. 带溪：源出阳台山，经白鹤岩（俗称电台山）至斗门入海。今溪岸路即带溪的溪岸。

4. 双溪：有两条，一条发源于石泉岩，经前圆宫流至桥亭；一条发源于白鹿洞山，经靖山头至旧厦门城南门。两溪汇集为霞溪入海。

5. 龙舌溪：源出洪济山，北流经潘宅入海。

6. 古楼溪：源于洪济山，东流入海。

7. 霞溪：源出双溪，经关仔内至后海墘入海。

8. 港口溪：源出上李社，至曾厝垵入海。

9. 莲溪：源出洪济山，经莲坂至筼筜港入海。

10. 前后溪：有两条，一条名后埭溪，源出御屏山和东坪山；另一条名文灶溪，源出御屏山和西姑北山。都汇集于筼筜港入海。

11. 虎溪：源出玉屏山，汇集中山公园入海。

12. 双涵溪：源出东坪山和观音山，由筼筜港入海。

13. 蓼花溪：源出太平岩，流经今虎园路、深田路间的蓼花路，汇集中山公园入海。

上述这些池、河、溪，现在或由于容量小、流程短，长期淤积而湮没；或在市政建设中被填平，筑路盖屋。其中樵溪和水磨坑溪被拦蓄成为万石岩水库主要的水源，纳为万石植物园的景观。

厦门的港湾

厦门是以港立市的港口型城市，陆域面积1516.12平方千米，海域面积324平方千米，包括厦门西港、九龙江口、厦门东侧水道、同安湾（即浔江）及大嶝三岛周围海域。海岸线长234千米。其中港区面积275平方千米，拥有深水岸线27千米（表3），可建深水泊位40多个。还有中、浅岸线72千米，可建中、小泊位80多个（图5）。

表3　厦门市海域深水岸线的分布（不包括同安、翔安）

		深水岸线位置	长度（千米）
厦门市	本岛	墩上前沿	1.4
		五通西前沿	5.0
		石湖山至渔港南	6.0
		鹭江厦门岛一侧	3.0
	鼓浪屿	鹭江鼓浪屿一侧	5.0
	海沧	象鼻山以西至内坑前沿	4.0
		象鼻山以北前沿	0.3
		嵩屿至大屿前沿	1.0
		水头北至排头北前沿	0.6
	岛屿	大屿北段前沿	0.6

厦门的港湾

厦门位于台湾海峡西部，福建省南部的金门湾内、九龙江出海口处。外有大小金门岛、大担、青屿、浯屿等岛链屏护，成就了厦门港成为我国东南沿海著名的天然深水良港。厦门海域地处东海和南海过渡海区，兼有东海亚热带海洋和南海热带海洋特征。海洋资源丰富，海洋环境独具特色。

厦门港湾深入内陆，为水深浪小的优良港口。主要港湾为西港（东渡港）、同安湾，厦门岛的筼筜港、钟宅湾，靠大陆一侧的沿海地区有杏林湾、马銮湾，它们深入内陆，形成了海沧、杏林和集美三个小半岛。厦门地处长乐—诏安断裂带和厦门—漳州断裂带的交汇地带，因此海岸线和海湾等的展布，都受构造控制，呈北东、北西或近东西走向，沿断裂构造线发育。

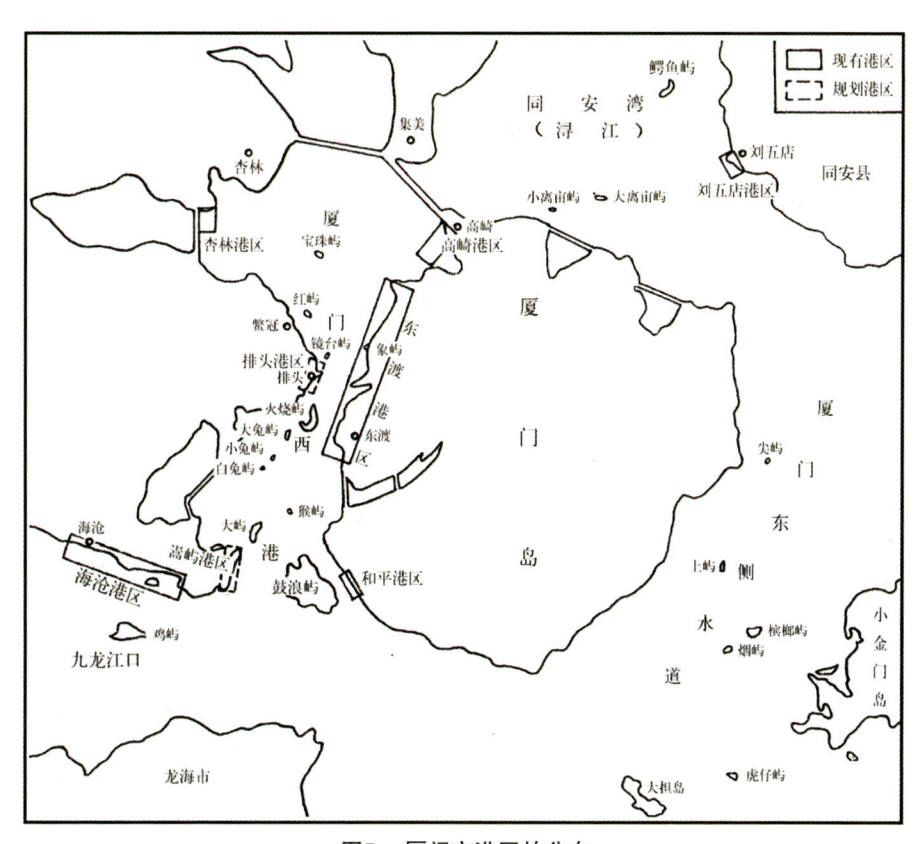

图5　厦门市港区的分布

厦门的港口资源

港口资源通常由码头岸线、航道、锚地、岸线后方土地资源构成。厦门港港口资源丰富,拥有优越的建设深水港的自然条件,具有枢纽港、中转港、临海工业、国际转口贸易、货物仓储、商业外贸、旅游客运等多种功能。

码头岸线资源

厦门市拥有深水岸线27.4千米,其中厦门港深水岸线可建深水舶位40多个;中、浅岸线72千米,可建中小泊位80余个。深水区常出现在水流流速较大的岛屿的峡道海域,如厦鼓海峡、嵩(屿)鼓海峡、火烧屿—排头及鸡屿—钱屿—海沧之间海域均为深水区,10米等深线紧靠岸线,为优良深水码头港址。深水岸线主要分布于厦门岛西北侧及排头、大屿、嵩屿至钱屿一带。

海天码头(白桦 供图)

航道资源

厦门港内外航道全长 30 千米，从外航道至联检锚地长 14.5 千米，航道自然宽度 300 米以上，水深 12 米以深，5 万吨级船舶可随时自如进入锚地内航道。内航道分为：厦鼓航道从锚地至和平码头，长 51 千米，宽 200 米，深 8 米（个别浅点不足 8 米），可通航 5000 吨级船舶；嵩屿航道从锚地至东渡码头，长 11 千米，宽 200 米以上，最浅水深 8.5 米（个别浅点不足 8 米），5 万吨级船舶可乘潮驶入港区，并可直接靠岸作业。

锚地资源

厦门港锚地众多，共有大小锚地 10 余处，其中鼓浪屿以南海域锚地最大，水域面积达 14 平方千米，水深 10 米以深，可泊 1 万～10 万吨级船舶约 30 艘。锚地底质为粉砂质黏土和黏土质粉砂，抓锚力良好，防风性能好，尤其是鼓浪屿西南海域锚地，能避诸风向的大风，为理想的大型船舶避风防台风锚地。

岸线后方土地资源

东渡、排头和海沧等深水岸线后方陆域，有较宽广平坦土地资源，由海积平原和一、二级台地组成，由岸向陆纵深约 800～1500 米。

厦门港除了优越而特殊的地理位置外，还具有许多优越的建港条件：

1. 深水岸线资源丰富，航道深而较稳定，有利于建设深水港。

厦门适宜建港的深水岸线长 16.44 千米，比北仑港还长 4 千米多。深水区逼进岸线，可建 40 个深水泊位。航道内大部分水深在 13 米以上，最深达 30 米。万吨级船舶可随时进港，5 万吨级船舶可乘潮入港，15 万吨级船舶可乘满潮进港，具有建设 10 万吨级深水港的优越自然条件。

2. 港域泊稳条件好，有利于建设集装箱深水泊位及发展海上转驳作业。

从气象、水文要素分析，厦门港风力较小，年均风速 3.4 米／秒，年平均大风日数 25.8 天。由于厦门港外有岛链屏护，港内岸线曲折受地形掩护，外海涌浪难以长驱直入，风区也较短（一般不超过 10 千米），故波浪较小。东渡港区的小波出现频率高，小于 0.5 米波高的出现频率占 98.5%，大于 1 米波高仅占 0.14%，且多为风浪，其周期很短。因此水域平稳，对集装箱深水泊位建设非常有利,可免建耗资很大的防波堤。

近期在深水泊位不足的情况下,可利用平稳水域和底质抓锚力良好的锚地,发展较大规模的海上过驳作业,对增加港口通过能力,减少投资十分有利。

3. 深水岸线后方陆域有平坦而较宽广的土地,有利于建设深水港和临海工业区。

在东渡、排头、海沧等深水岸线后方陆域,有较宽广而平坦的土地,可供建设深水港和临海工业区(厂房和仓库),为建设国际大港提供良好条件。

4. 旅游资源丰富,为全国少有的国际游船的重要停泊港和游览地。

海洋环境要素

厦门海洋地处东海和南海过渡海区,兼有东海亚热带海洋和南海热带海洋特征。海洋资源丰富,海洋环境独具特色。

水温

厦门海区年平均水温21.3℃,变化范围在13~33℃之间,2月最低,平均水温为13.6℃;7月最高,平均水温28℃;5~11月份,月均水温在20℃以上。冬季水温南部海区稍高于北部。

盐度

厦门海区全年海水盐度的变化范围在25.02~32.50之间。年平均值以九龙江口为最低,盐度为26.9;大嶝岛和厦门岛东部的开阔海区盐度最高,平均值在32以上。厦门西港平均盐度28.57,同安湾鳄鱼屿海域平均盐度为29.28,向湾口方向盐度渐高。

潮汐

厦门海区潮汐类型属于正规半日潮,潮汐周期12~13小时,平均潮差3.98米,平均大潮差4.95米,平均最小潮差2.85米,实测最大潮差6.92

米（1933年10月22日），最大可能潮差为7.20米，厦门海区为大潮差区。平均海平面黄零3.33米。

潮流

潮流是潮汐所引起的海水水平运动，一般具有周期性的变化特征。厦门海区潮流属于半日潮流，潮流运动形式为往复流，涨潮时流向湾内，落潮时流向湾外。流向受地形制约，因地而异。厦门外港—九龙江口海域为东西向流，厦门西港为南北向流，同安湾近于南北向流或北北西—南南东向流。潮流流速以深槽中轴为最大，向两侧渐小，尤以水道狭窄处为最大，如厦鼓海峡（即鹭江）、东渡、嵩屿海峡等处。落潮流速大于涨潮流速，如同安湾的澳头—五通断面，涨潮最大流速为0.62米／秒，而落潮最大流速则为0.88米／秒，厦门西港火烧屿处最大涨潮流速为0.77米／秒，最大落潮流速高达1.29米／秒。落潮流大于涨潮流，有利于深水航道保持稳定。

在上述潮流中，还有一种平常人所不容易观察的海流——余流，即去掉周期性的潮流后，所剩余下的部分海流称之余流。余流是一种流向相对稳定的海流。厦门海域余流不大，流速一般在每秒数厘米至十余厘米之间，厦门外港、九龙江口余流最大，厦门西港次之，同安湾最小。余流流向因受地形影响，各海区自成系统。九龙江口海区表层余流顺江而下，向东流，而底层余流则逆江而上，向西流。厦门西港海区，表层余流紧贴西岸北上，而底层余流则沿主航道南下。同安湾表层余流从湾口北岸流进，沿湾口南岸流出，形成逆时针环流；底层余流沿南岸流出湾外。这余流流场，有利于表层悬浮物质及污染物质向湾外排出。

波浪

厦门海区波浪以风浪为主，出现频率达88%。厦门西港由于风区较短，波高都很小，强浪向北、北东—北，最大波高1.3米。次强浪向南南东，最大波高1.2米。平均波高0.2米，平均周期为3.4秒。

同安湾波浪较大些，因港口向南，海域较为开阔，易受外海涌浪和西南风浪影响，湾内波高一般在1.5米左右。强浪向南南东，最大波高达2.4米。湾口强浪向为东和南东东向，最大波高分别为2.31米和2.18米。

海底地貌

厦门海区由于波浪小，而潮流作用显著，因此塑造现代海底地貌的主要动力是潮流。此外，九龙江口海域还有河流径流参与作用。按地貌形态及成因，可分为三种海底地貌类型：水下三角洲、水下浅滩、潮流通道与冲刷槽。

特别应该指出的是，潮流通道系由涨落潮流往复冲刷形成的水下潮沟，它是沟通各港湾的主要水道（航道）。典型潮流通道分布于厦门西港，潮流自厦门外港进入西港，潮流通道自南而北由深变浅，南段潮流通道宽而深，最宽处（鼓浪屿西航道）达1200米，水深大多超过10米；北段（石湖以北）水道逐渐变窄变浅，宽约150~200米，水深5~8米。潮流通道底质以黏土质粉砂和粉砂质黏土为主，局部地段有沙砾石出露。厦门西港潮流通道是厦门港主要航道，特别是南段通道是航道、码头、港池等建港的重要地段。

此外，九龙江口及同安湾内也有小型潮流通道发育，水深一般为3.5米，最深达8~10米，为中小船只航行的主要水道。

冲刷深槽主要分布于厦鼓海峡和东渡海峡的水道中，由于海面狭窄，水流颈束，潮流强劲，因而冲刷形成狭长深槽。深槽水下岸坡陡峻横断面呈"V"型，槽底起伏不平，凸起处常为基岩裸露，低凹处有薄层粗沙砾石堆积，水深一般超过15米，最大水深达30米。厦门岛东侧水道见有两条深槽，深槽走向呈北北东向，长10余千米，宽500~1000米，一般水深超过10米，最大水深达26米，自南而北，由深变浅。底质以粗沙砾石为主，局部地段有基岩出露。

海底沉积

厦门海区海底沉积物类型复杂，共有17种沉积物类型：砾砂、粗砂、中粗砂、粗中砂、中砂、细中砂、中细砂、砂、细砂、粉砂质砂、黏土质砂、砂质粉砂、黏—砾土、砾石—粉砂—黏土、砂—粉砂—黏土、黏土质粉砂和粉砂质黏土等。其中主要类型只有7种，即粗砂、中粗砂、粗中砂、中细砂、砂—粉砂—黏土、黏土质粉砂和粉砂质黏土等，前四种类型属于粗颗粒沉积物，砂—粉砂—黏土为过渡类型混合沉积物，最后两种为细颗粒沉积物。

厦门港底层余流图（据厦门大学海洋系）

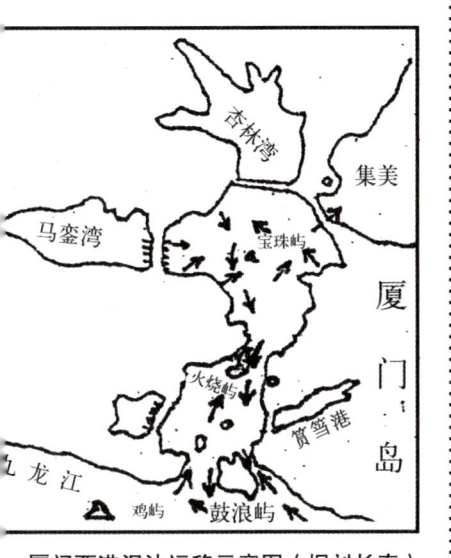

厦门西港泥沙运移示意图（据刘长泰）

厦门西港

厦门西港通常泛指东渡港，是厦门最主要港口，厦门市每年进出口货物经由西港，因此对厦门的经济发展有举足轻重的作用。现在的厦门西港是个北东—南西走向呈哑铃状的单口半封闭港湾，全海域面积 51.1 平方千米，岸线长 25 千米，水深 6~25 米。

但是在高集海堤修建前，西港却与同安湾（浔江）相通，是一个开放型港区，1952 年西港海域面积有 110 平方千米。原来周围强大的潮流基本可以把九龙江及陆地来的泥沙带出港区，使港区达到不淤。从地球资源卫星照片上可以清楚看到，厦门岛四周有一条深水带，使厦门具备得天独厚天然良港的优势条件。当高集海堤建成后，厦门岛成为人工"半岛"，西港也人为地成为半封闭海湾。自从杏林湾、马銮湾、筼筜港、东屿湾等筑堤围堵，加上近几年因建设需要不断填海造地蚕食海域，厦门西港海域面积已从 1952 年的 110 平方千米缩小到现在的不足原来一半水面，纳潮量大大减少，从而改变了厦门港及周边的海洋动力条件，使厦门港潮流、余流发生明显变化（图 6）。以前厦门港底层余流是向港区外的，有利泥沙迁移，而现在的底层余流则向港区内，不利泥沙从港区往外输送（图 7），加剧了港区淤积。西港纳潮量减少，退潮海水流速明显减慢，加速了由九龙江带来的每年 250 万吨泥沙悬浮物在港区沉淀堆积。据海洋调查资料：西港北部存在一个以宝珠屿为中心的逆时针环流，沉积速率 7.3 厘米／年；石湖山—高崎一带沉积速率达 15.8 厘米／年，已淤高 6 米；嵩鼓航道附近淤积速率也达 10 厘米／年，使进入东渡港的航道受到严重影响。此外，港区建设的填海造地工程因未先围堰，约有40%泥沙冲入海中，也加剧了海域淤积。西港原来以火烧屿—大兔屿、小兔屿、乌鸦屿—大屿，分成东西两条航道，均可通航。而现在，随着港湾不断填海造陆，西航道基本成浅滩，或成陆地，无法通航。所谓的"厦门港"，现在仅仅是火烧屿—东渡宽不足800米"瓶颈"似的东航道。

西港的形成受到北东向郭山（马巷）断层带所控制，这条断层总体走向是北东20°～30°，沿断层花岗岩体发育着密集节理。在火烧屿、象屿都可以看到断层错动面。西港完全沿着这条断层带发育起来，同时同安湾的北段的形成也是受郭山—西港断层所控制。

同安湾（浔江）

同安湾的范围是厦门岛北部、五通—澳头以北海域，是个口小腹大的半封闭海湾。海湾的北段是西港北延部分，南段湾口朝向东南。海湾宽度3.5千米，现有海域面积91.5平方千米（20世纪50年代同安湾海域面积为120平方千米），海岸线长55千米。

同安湾，又名浔江，原因是它承接同安最大水系东溪的入海口石浔。同安湾原与西港相通，共同组成厦门岛周围的海洋环流。涨潮时一股潮水

同安湾（郑阿栗 供图）

从西港由南向北经集美、高崎海面，流向大离亩屿；另一股潮水由东向西从五通、钟宅一侧沿30米深沟，流向大离亩屿。两股潮水在大离亩屿海面汇合北上，直抵同安湾顶。退潮时，海水向东从钟宅、五通一带流向外海。因此海水涨退潮流速大，附近泥沙不易淤积，使厦门拥有较长深水岸线。

20世纪50年代修筑高集海堤后，西港和同安湾两部分水域分开。西港成为半封闭港湾，西港和同安湾水域均成为往复式半日潮。海水流量减少，流速大大降低。据测算，高集海堤修筑前后，这一带流速比为3∶1，且潮流属往复式又有短暂憩流现象，因此相当一部分泥沙无法带出港湾而沉积下来，西港和同安湾淤积情况都较为严重。这就是地理环境被人为改变后带来的后果。同安湾从地质构造的角度属断层港湾。北段是由北北东向马巷—西港断层造成的，成因与西港一致，而南段则是由北西向天马山断层与九龙江口东西向断裂带共同作用的产物，从卫星遥感影像上，其线性构造十分清晰。

厦门带"浔"字的地名不少，凡带"浔"的地名都是濒临海边的村落，盛产鱼虾蚵蟹。蚵为食用海产蟹之一。而浔的原意为水涯，即岸边深水处，但闽南方言浔与蚵同音，浔江之名实则因盛产蚵雅化而来。

同安湾在厦门的经济地位十分重要。它赋予集美壮丽的自然风景，又是厦门主要水产品的产地，著名的文昌鱼产于鳄鱼屿附近海域。刘五店是翔安区最大码头，也是厦门港重要辅助港；正在修建的厦门岛北部的五通码头，也将是今后重要的对台贸易港口。高崎国际机场的跑道正是利用黑仔屿和小离亩屿修筑在浔江中。

筼筜港

今天的筼筜湖，是1970年经人工筑堤围堵厦门岛以前的避风港、渔港——筼筜港形成的。筼筜港在历史上可谓声名远播，据道光《厦门志》载：

筼筜港，在城北，长可十里许，阔四里有奇，中有凤屿。莲溪及前后溪之水出焉。又筼筜港口有动石，潮至自动。又有浮沉石，潮至则浮，退则沉。风将起，石下有声，名石虎礁。

凡是厦门老人，无不知道原厦门八大景之一的"筼筜渔火"。入夜之际，港内万点灯火，若隐若现，闪闪烁烁，勾勒出一幅美轮美奂的"筼筜渔火"名景。有清朝诗人蒋国梁的诗为证:"万顷筼筜水接天,夜来渔火出云烟。辉煌千点官浔外,明灭三更凤屿前。"

筼筜港原是厦门岛天然的古港湾,从厦门岛西南岸向东北深入岛内约7~8千米,宽约2~3千米,水面有20多平方千米,由于港湾形态颇似大竹"筼筜"而得名。据《海澄县志》:"港当汐时,中流一带,婉转纤长而未分岐,形如竹,故名筼筜。"浮屿、凤屿、美头山均在港湾内的海中。据厦门史学家潘文贵先生考证,郑成功收复台湾之前,便把大批水师船舰屯泊在筼筜古港。另外,筼筜港还是厦门通往海内外的港口,码头就在江头。1645年我国著名高僧隐元大师东渡日本创立了佛教黄檗宗,启棹处正是筼筜港内的古渡口江头。江头古渡所在的江头和禾山一带正是厦门岛古代文明的发祥地,近年来发掘的文物也证实这一点。以江头为中心的地区是古代厦门经济文化发达、人口相对比较集中的地方,正是利用江头依山傍水的地理环境优势(参阅《厦门日报》1999年3月4日《闽南风情》)。

作为一个从事地球科学工作40年的老科技工作者,我曾经多年潜心对筼筜港成因进行研究。笔者认为,筼筜港从地质构造角度来看,是个断陷港湾,是由两条北东向官浔—乌石浦—钟宅断层和文灶—龙山—坂美断层组成的筼筜港—钟宅湾断裂带形成的地堑构造发育起来的(图8、图9)。这条断裂带大致发育于距今7000万年前的中生代晚期至新生

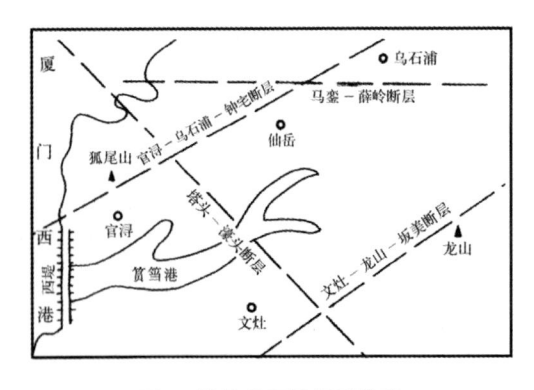

图8 筼筜港区的断裂构造

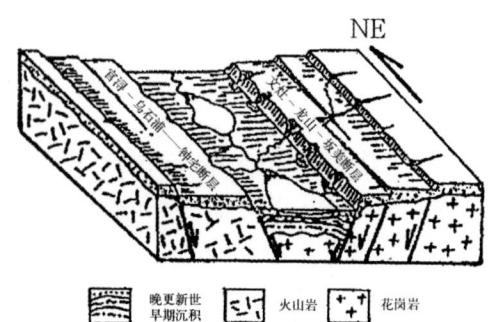

图9 筼筜港地堑形成示意图

代早期。断裂破碎带受到海水、海浪长时间的冲刷终于形成了港湾，即筼筜港和钟宅湾。筼筜港开始形成于约距今248万—73万年前的上新世晚期至更新世早期，港湾定型于距今4万—3万年前的更新世晚期。

近200年来，筼筜港环境和水面发生了很大的变化。据薛起凤编纂的《鹭江志》称：

清乾隆三十一年（1766年），筼筜港在城之北，长可十五六里，阔四里许。自竹树渡头至江头社，一湾如带，中有小屿，曰凤屿。又有浮沉石，潮至则浮，退则沉。海利所出，日可得数十斤。鱼虾之属，此为最美。

那时的筼筜港水面有20平方千米，且盛产美味的鱼虾。100多年前，人们开始在筼筜港南岸填海造地，竹树脚附近的地皮大致是那时填造的，称为"新填地"。

至1919年，筼筜港水面已减少一半，约为9.5平方千米，但那时的浮屿、凤屿依然还是海中小岛，美头山、金榜山均在南岸边。20世纪20—30年代，筼筜港进行大规模造地行动，厦禾路大致是那时填海而成的。至1938年，港湾水域已剩不到9平方千米，浮屿、凤屿都已填为陆地，港湾尽头还在江头，吕厝涨潮时为小岛，退潮时才是陆地。

筼筜港区大规模填海造地工程是20世纪70年代。1970年7月，由于众所周知的原因，筼筜港开始围垦，在港湾口部筑起1700米长的堤坝围堵（即西堤），从此港湾成为封闭水体——筼筜湖，水面缩小至2.2平方千米。改革开放以来，这里继续填土提供一大片建筑用地，当年的筼筜港区逐渐建设成今天繁华新市区，成为厦门行政、文化、商业、金融中心，水面退缩仅剩1.6平方千米（图10）。

从筼筜港到筼筜湖，港区变成厦门新市区，成为厦门市新的行政、文化、商业、金融中心。地理环境变迁，其功能也随之变化，人们对它的关注程度也增加，港区的环境地质问题更应该了解清楚。筼筜港是断陷港湾，故而筼筜港区岩层埋藏较深，由淤泥、黏土、亚黏土、残积土、杂填土组成的软土地基一般有几十米甚至近百米（图11）。大部分场地属于三类地基，有些地方是四类地基（图12）。因此，筼筜区建筑物的基础工程费用比其他地方高得多。按常规，多层建筑基础部分的费用约占总投资的8%，高层建筑约占15%。而筼筜区多层建筑基础部分占总造价15%～20%，高层建筑则占20%～30%，甚至更高。

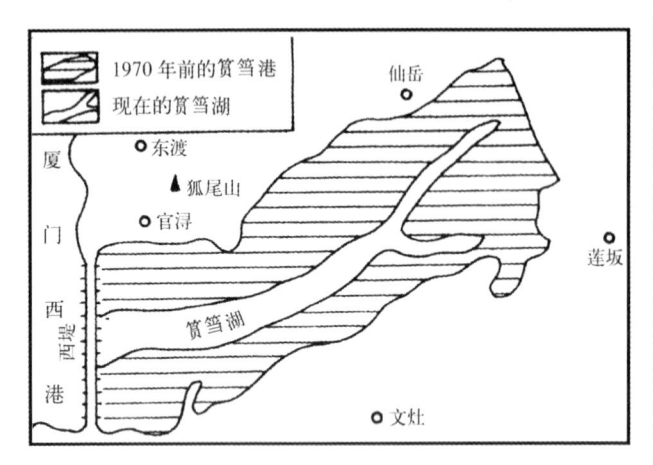

图10 筼筜港消失前后的水面对比

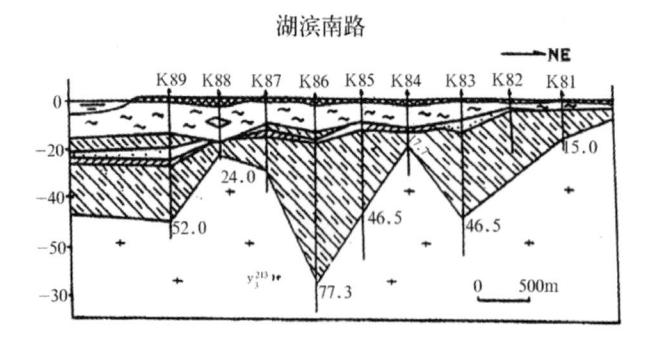

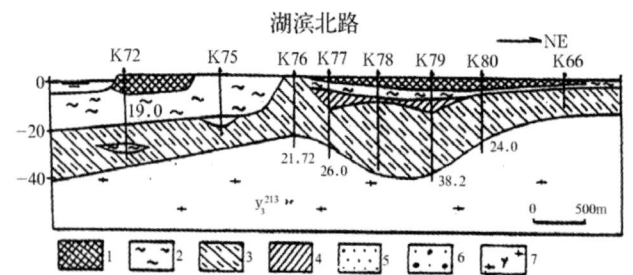

1. 填土；2. 淤泥；3. 亚黏土；4. 黏土；5. 沙土；6. 含砾砂土；7. 花岗岩。

图11 筼筜湖区第四系剖面图

一定周期地震波在较厚的软土层中反射、折射、叠加而增强，产生类共振而增加地震破坏力。对地震的反应，筼筜区比市区其他地方敏感。譬如1986年11月15日台湾花莲发生7.6级地震，以及1994年9月16日台湾海峡南部发生的7.3级地震，鼓浪屿及老市区花岗岩区建筑物的居民几乎没有感觉，而筼筜新市区的建筑物都强烈摇晃，场地烈度五度强，居民纷纷逃离楼房，个别刚使用不久的楼房还出现裂纹与地基不均匀沉降。筼筜区地基基础的抗震性较低，应引起有关部门重视。

筼筜港区现在作为厦门市最繁华的新市区，这里的地质灾害、地震活动、工程地质条件以及建筑物的抗震设防等，便广为人们所关注。近年来由于台湾地震以及厦门邻区发生地震，筼筜区对地震反应较市区其他地方强烈得多，甚至造成这里的建筑物不同程度的损坏。厦门对此谣传地震也声称某年某月某日筼筜港将发生地震。因此，许多人对筼筜港—钟宅断裂带的活动性，以及筼筜港到底会不会发生地震表示疑虑。

地学工作者通过多年对筼筜港的科学调查，并对筼筜港—钟宅断裂带进行长期监测表明，距今3万—4万年以来，该断裂带已经没有明显活动迹象。厦门地区布设的微地震台网监测结果，也未记录到沿断裂带有微地震活动。有五方面论据可以证实以上的结论：

1．等时地貌面的变位分析。柯厝、虎仔山、塘边三个长期观测点，控制筼筜港两侧的官浔—乌石浦—钟宅断层和文灶—龙山—坂美断层，这些点的等时地貌面均稳定在同一高度（海拔黄海高程50米）上，未发现相对变位。

2．覆盖在断层面上的第四纪沉积层未发现变动或错位。在文灶原采石场断面上（图13），发现晚更新世早期的沉积物，覆盖在断层上，沉积层结构完整，未受断层干扰、错动。表明沉积层形成后，断层并没有活动。此类现象在坂美等地也发现到。

3．风化层错动或变形现象分析。在七星山、钟宅等地，侵入花岗岩体的后期基性岩脉经风化剥蚀，形成的风化壳及其上覆的晚更新

卓越周期	场地类型
$T \leq 0.1$	Ⅰ
$0.1 < T \leq 0.4$	Ⅱ
$0.4 < T \leq 0.8$	Ⅲ
（T：秒）$T > 0.8$	Ⅳ

图12　筼筜湖土层地基卓越周期分布图

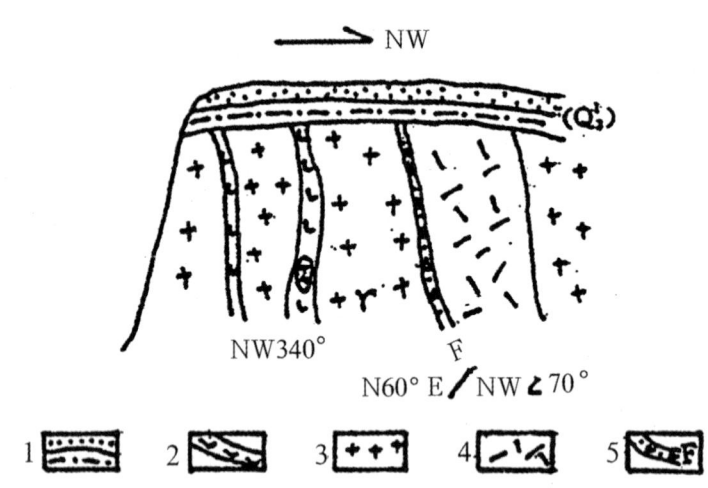

1. 晓更新世早期滨岸相沉积 2. 基性岩脉 3. 花岗岩 4. 火山岩 5. 断层破碎带

图13 文灶采石场北东向断裂剖面示意图

世早期的沉积层，同样没有发现受构造变动或错位的形迹，表明岩脉侵入后筼筜港—钟宅断裂带没有活动过。

4. 在文灶、官浔、狐尾山、安兜的断裂带中，产生的断层角砾岩均硅化和胶结成岩。角砾岩胶结坚硬未发现第二构造变动；断层角砾间隙内的石英晶簇的晶形完整，没有挤压、扭曲、拉长或破裂现象。

5. 地形和水系错移情况分析。据大比例尺航空像片解读以及地面地质调查，断裂构造经过地区的地形、水系，没有发现地形有位移、错动，水系也没有不自然拐变或有突然转折等现象。

综合以上五方面的证据，可以非常负责任地说，筼筜港—钟宅断裂带距今3万—4万年以来，没有发现有明显垂直差异活动痕迹，断裂构造处于相对稳定状态，更没有发生地震的构造背景。

厦门的港湾

　　尽管往昔旖旎的"筼筜渔火"已经风光不再，但今日繁华的筼筜新市区成为厦门改革开放20年建设成果的缩影，成为带动厦门房地产经济发展的航母。

钟宅湾

　　钟宅湾（今改称"五缘湾"，笔者不使用这种不规范的新地名）在厦门岛东北部，海域面积约4平方千米。钟宅湾是个外大内小呈漏斗状海湾，湾口朝向东北，就像厦门岛朝东北张开的一张大口。钟宅湾和筼筜港一样也属于断陷港湾，是北东向钟宅—筼筜港断裂带的产物，钟宅湾正是沿这条断裂带发育起来的。

　　钟宅湾历史上也是厦门的重要港口，据《厦门志》："钟宅港，在城北，近五通，潮至洪水桥。"同时，古时属兵营汛地，有"提标左营弁兵防守"。与刘五店要津成为扼守海上的犄角。钟宅湾从1958年开始建设国营钟宅盐场，盐场占地7500公亩（约合0.75平方千米），年产海盐5000吨。20世纪80年代初，原禾山公社钟宅大队在国营盐场外再建集体所有制的大队盐场，占地13000公亩（约合1.3平方千米）。两盐场加起来约占地2平方千

钟宅湾（郑阿栗　供图）

钟宅湾湿地公园（赵建军 供图）

米。改革开放以后，由于特区经济建设的需要，盐场先后关闭。

现在的钟宅湾建设定位为城市湿地保护公园。钟宅湾大桥建成后，每天都有成千上万的游人到这里游览休闲，或穿行在草丛野花之中，或徜徉在水榭木栈桥，或观鸟垂钓、采花扑蝶，体味和享受那充分放松的田原野趣。厦门市政府还请专家论证，准备把钟宅湾辟为中华白海豚圈养的保护海湾。钟宅湾还蕴藏丰富中温温泉资源，是厦门岛唯一出露的温泉。钟宅湾温泉水温60℃，日涌温泉水量1382吨，每升含溴30毫克，氡9.2埃曼，属溴矿水，有一定医疗价值。这里将成为度假胜地。钟宅湾周边逐渐成为厦门房地产投资新的亮点，

不少投资商看中这块热土，一些行政中心、住宅区、商务中心、学村、宾馆、度假村，纷纷在此落户。

目前钟宅湾南岸建设中的五通码头是对台通商重要港口；正在建设的我国第一条海底隧道——翔安隧道，完工后将是厦门岛对外最重要的新通道；连接海沧大桥和五通的城市交通高架桥即将完工，这将是贯穿厦门岛东西的快捷通道。届时，钟宅湾一带将成为厦门新的行政、商业、文化、金融、旅游中心，成为厦门岛重要交通枢纽。

杏林湾

杏林湾为西港的顶部、集美半岛西侧的海湾，原称"银港"，是厦门的深水港。杏林湾原有水域81000亩（约合54平方千米），形状如手掌，以海湾口部西岸自然村杏林村作为海湾名。1956年12月在海湾口部修筑2820米长的花岗石砌海堤，作为鹰厦铁路的路基，形成一个承接坂头水库、石兜水库下游苎溪（后溪）的淡水湖——杏林湖，水域面积约6000亩（约合4平方千米），聚雨面积142平方千米，可蓄600万立方淡水。是厦门市重要的后备水源。

1979年在杏林湾内修筑面积为1824亩（约1.2平方千米）的小岛，称为中洲岛，是游乐、度假、休养、避暑的好地方。杏林湾有丰富的温泉资源，水温高达93℃，日涌温泉水量4336吨，每升温泉水含镭19微微克，属弱放射性镭水，具有极高医疗价值。

近年来，厦门市政府把杏林湾作为"第六届中国国际园林花卉博览会"（2007年9月23日开幕）的园博园址来建设。杏林湾，波光粼粼、盈盈脉脉的水面包裹着九个大小不一的岛屿，宛如翡翠玉盏般托出一个蔚为壮观的"水上大观园"。园博园的建成激活了杏林湾，使之成为厦门旅游新景区，成为厦门旅游的又一张王牌，一个永久性生态旅游度假区。厦门园博园不仅拓展城市发展空间、改善城市生态、提升城市文化品位，更是造福人民的工程，它将为广大市民和世界各地的游客提供一个良好的休闲、旅游、度假、疗养的场所。在杏林湾构

杏林湾鸟瞰（朱庆福　供图）

成了"园在海上，海在园中；景在岛中，岛在海中"的独特景观。

杏林湾及芎溪（后溪）的形成受北西向坂头—杏林湾—石胄头断裂控制。因此，杏林湾也属于断层海湾。杏林湾温泉正是沿断裂带产生的，沿这条地质断层在坂头水库附近还曾经发生过小地震。

马銮湾

马銮湾在西港西部，是一个东西走向的海湾，以海湾口部北岸的马銮村命名。由于邻近姐妹海湾杏林湾原称"银港"，马銮湾原产红虾，煮熟后呈现金色，因此马銮湾便有"金港"之称。

厦门的港湾

园博园（郑阿栗　供图）

马銮湾形状似一个大布袋，东西长7000米，中部南北宽3000米，湾口狭窄处约1500米。平均纳潮量5000万立方米，占西海域的29.4%。这里曾经是"碧海蓝天、鱼虾丰饶、船舶穿梭"的海湾。

关于马銮湾原有水域面积，不同文献和资料众说纷纭：《厦门经济特区地理》14平方千米，《厦门地名录》24平方千米，厦门海湾公司研发中心资料17平方千米和22平方千米。

1958年初在海湾口部动工修筑1670米的海堤，1959年9月堵口成功。马銮湾便辟为盐场——马銮盐场，盐埕26632公亩（约合2.66平方千米），生产专供制作纯碱原料的海盐，平均年产量11234吨。而纯碱又是供玻璃生产重要原料，马銮盐场投产后带动了杏林工业区的新华玻璃厂、纯碱厂等一批大型企业。

随着特区建设的需要，马銮湾畔辟为新的工业区——新阳工业区。马銮盐场也已关闭，计划恢复生态环境，把马銮湾建设成湿地公园。马銮湾顶部的东孚镇汤岸温泉远近闻名，水

【65】

温85℃，日涌温泉水量950吨，每升温泉水氡含量18埃曼，属氡矿泉，是优质医疗矿泉。现已由台商开发为"日月谷休假村"，提供洗温泉浴、温泉疗、美食、按摩等服务项目，每日慕名来的顾客盈门。

马銮湾的形成受东西向马銮断裂带控制，马銮断裂带是漳州—厦门东西向断裂带的组成部分。汤岸温泉也正是沿该断裂带形成的。

自从马銮湾海堤修筑后，阻断海湾内外水体交换。海湾内造田、建盐场、围鱼塘，使水域面积锐减，缩小为8~9平方千米。20世纪80年代开始，马銮湾发展围网和网箱养殖业，水域面积减至4.05平方千米。马銮湾几十年来沿岸的生产活动，不断改变海湾环境的构成和状况，海湾内有5种污染物浓度（化学耗氧量、活性磷、石油类、有机物、硫化物），大大超过湾外邻近海域。这种改变超越马銮湾环境承载能力，不仅危害到了马銮湾自身区域内的生态环境，还

马銮湾湿地公园（郑阿栗　供图）

厦门的港湾

给厦门西海域的环境带来了一定威胁。

  厦门市委、市政府高瞻远瞩，提出要加快建设海湾城市的战略。按照"优化岛内，拓展海湾，扩充腹地，联动发展"的总体发展思路，打造"一环数片，众星拱月"的城市规划结构，全面综合整治西海域势在必行。马銮湾是厦门少有的典型海湾型环境区域，蕴涵着深厚的历史积淀和浓郁的人文风情。马銮湾作为厦门西海域的重要组团和内湾，将发挥海湾型城市规划建设的桥头堡功能。

  有关部门提出，充分利用马銮湾内天然环境条件，把马銮湾建造成一个包含教育、旅游及生态保护为主题的湿地公园，建设成为世界顶级的生态型居住区和生活区典范。滨海型的地理环境和亚热带海洋性气候，造就了厦门丰富的湿地类型，尤其是拥有别具特色的红树林湿地。不仅提供河口港湾有机物质等生源要素和能量，也是许多海洋动物和鸟禽生长、栖息、繁殖的良好场所，尤其是厦门市鸟白鹭以及其他涉禽类鹤行目鹭科动物的家园。

马銮湾（郑阿栗　供图）

  湿地是一类介于陆地和水域之间过渡的生态系统。湿地公园类似小型生态保护区，但又不同于自然保护区和一般意义的公园，兼有物种及栖息地的保护、生态旅游和生态环境教育功能。湿地公园以寻求保护和可持续利用不同景观资源的平衡为发展目的，如香港的米埔湿地公园，澳大利亚的摩顿湾海洋公园和维多利亚公园，日本的铳路湿地公园。

如果马銮湾湿地公园建造成功，不仅将大大改善马銮湾以及西海域的自然生态系统，为厦门城市打造一叶健康"绿肺"。同时，还将创造一个良好新居住环境，为市民提供一个休闲的好去处。届时，马銮湾将重获生机，更加充满魅力，成为厦门新的亮点及旅游新资源。

鹭江（厦鼓海峡）

鹭江，即厦门岛与鼓浪屿之间的水道。鹭江西北自筼筜港口部，东南至厦门岛虎头山南原打石字渡与鼓浪屿剑石尾连线，长约3000~5000米。从地质勘探资料表明，厦门岛、鼓浪屿在远古地质时期和大陆连在一起，几千万年前，北东向西港断层把厦门岛从大陆"切割"出来，北西向鹭江—钟山断层又把鼓浪屿从厦门岛切割出来（图14）。这些断层都是些深大断裂，在地球资源卫星照片影像线性构造中反映显著。1982年，鼓浪屿轮渡码头工程地质勘探过程中，钻孔钻探到断层破碎带岩石，证实北西向鹭江断层的存在，断层带的破碎岩石不断被海水海浪冲刷走，逐渐形成500~800米宽的厦鼓水道——鹭江。

鹭江水道由于海面狭窄，水流颈束，潮流强劲，海床形成冲刷深槽。因此，鹭江10米等深线紧靠岸线，为优良深水码头港址。鹭江岸线历来成为厦门码头云集的地方（图15）。历史上厦门岛有竹树脚路头、典宝路头、洪本部路头、港仔口路头、岛美路头等码头，在鼓浪屿有内厝澳、鼓浪屿澳，"停泊商船、渔船、渡船，俱凭官按例给换船照，出入挂验"。（《厦门志》）

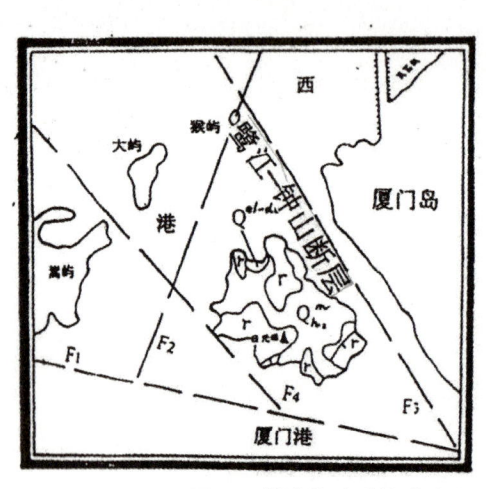

图14 鼓浪屿地质构造略图

厦门的港湾

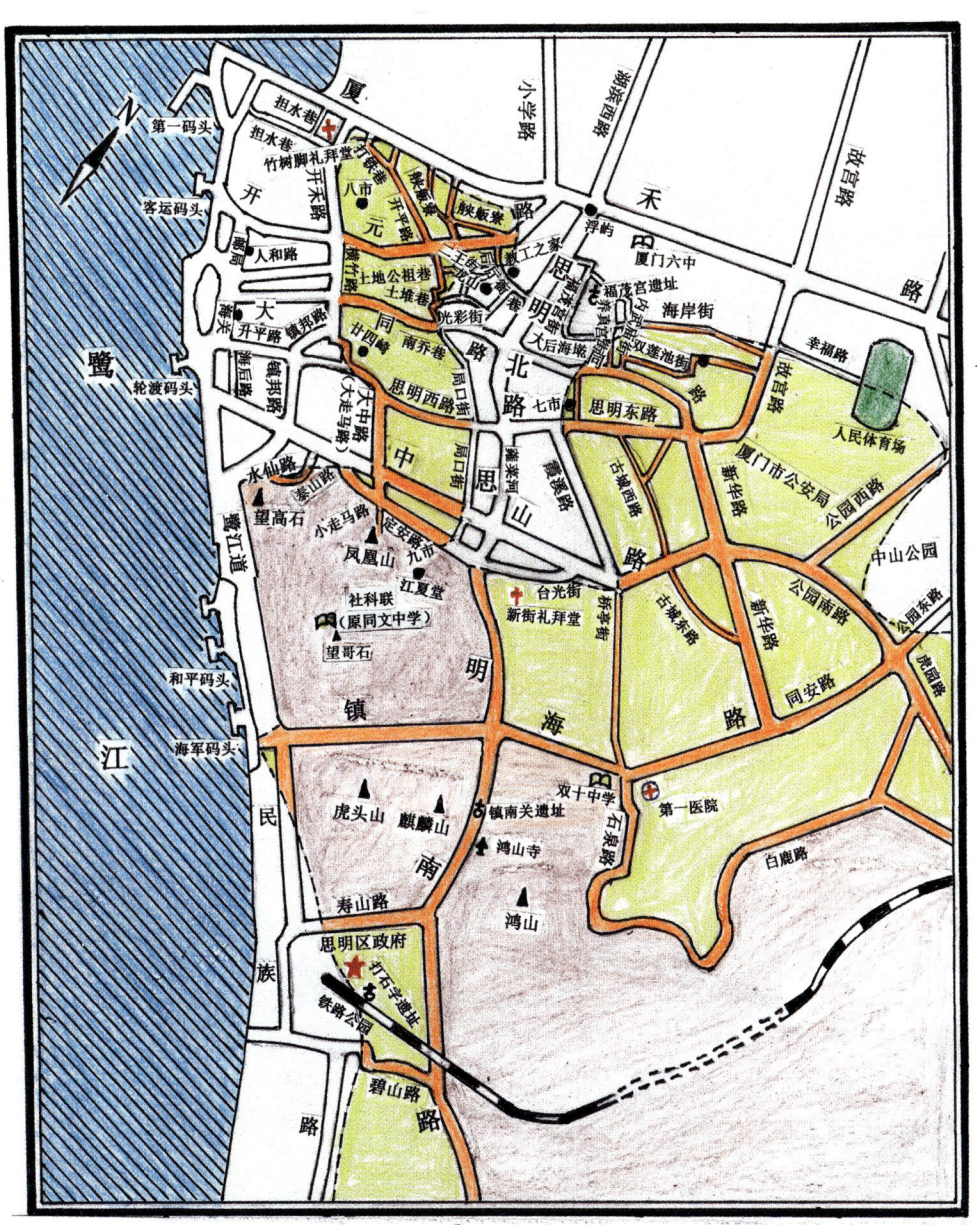

图15 鹭江道及思明古海湾地理环境变迁示意图

太古洋行设立的太古码头（洪卜仁 供图）

　　1920—1932 年，厦门首次大规模城市建设，最大工程便是鹭江道堤岸建设，建成第一个现代化大型码头——太古码头（和平码头）。从此，鹭江道成为厦门与世界各地最主要通商口岸。直到 20 世纪末，东渡港区客、货、集装箱码头群相继建成，鹭江道作为厦门第一码头的地位才被取代。20 世纪 90 年代开始的鹭江道大规模改造工程完成后，鹭江道成为厦门客运、观光旅游海岸，更加绚丽多彩。

鹭江鸟瞰（白桦 供图）

古港曾厝垵

厦门岛最南端的曾厝垵有一个自然村名叫"港口",距离海岸约700~1000米。查《厦门志》,这个地方400多年前还确确实实是港口,是最早厦门港所在地。据清道光《厦门志》卷四《港澳篇》载:(曾厝垵澳)"在厦门南海滨,与南太武山隔海相望。沙地宽平,湾澳稍稳,可避北风。"

由于晋江上游植被受到严重破坏,水土流失加剧,造成河道和港口淤塞,加之战争的破坏,朝廷的限制,宋元时代驰名世界的泉州港于明成化十年(1474年)宣布闭港。在这种情况下,九龙江口的月港(今龙海市海澄镇)便应运兴起,成为东南沿海重要贸易口岸。由于月港水浅且水面小,便在厦门岛开辟一个外港。400年前海澄人张燮所写的《东西洋考》中记载,月港到东西洋贸易,均要在中左所接受检查,商船停泊于曾家澳候风信开驾。中左所便是厦门岛旧称,曾家澳就是今天的曾厝垵。曾厝垵古时称曾家澳、曾厝湾、曾厝垵澳等,所谓"澳"便是泊船的海湾。从胡里山炮台至白石炮台之间原是

曾厝垵港口村旧址石碑

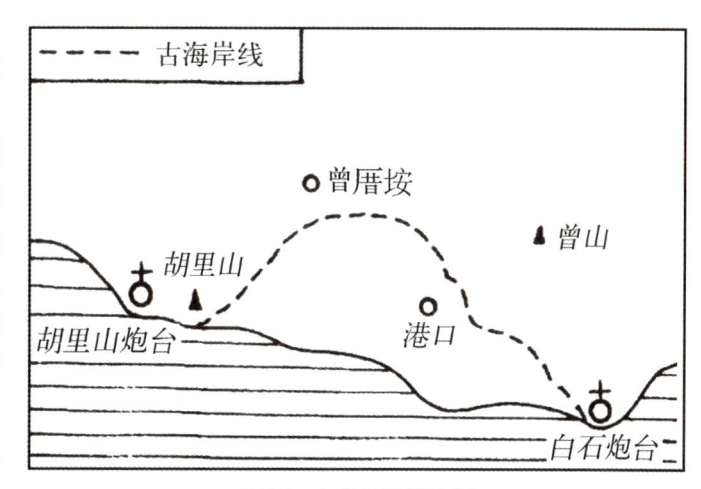

图16 古曾厝湾示意图

1980年版曾厝垵地区地图

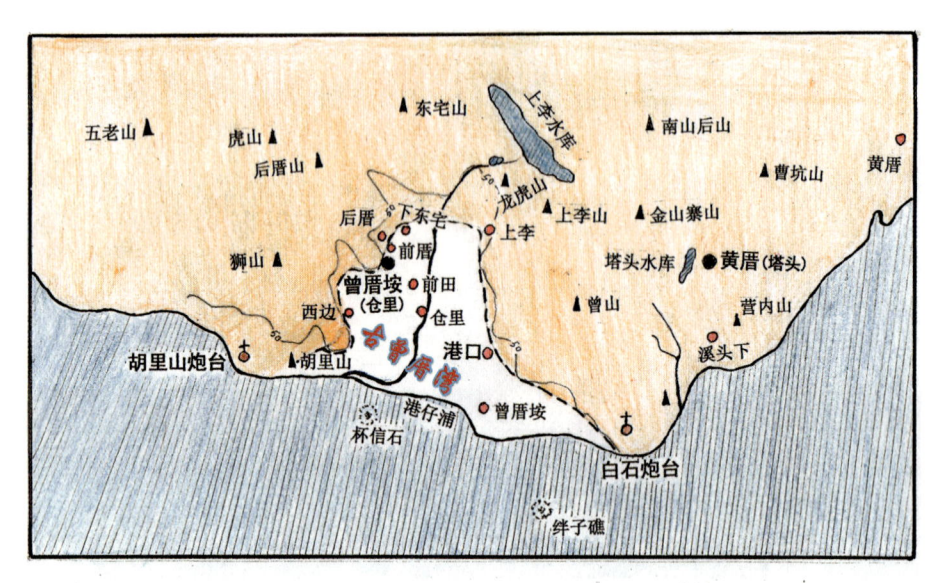

图17 原曾厝湾古地理环境示意图

海湾——曾厝湾（图16），岸线直抵港口村，使这里成为古口岸。笔者通过多年第四纪地质调查认为，这个古海湾基本沿1980年厦门岛曾厝垵地区地图50米等高线：白石炮台—港口村—上李—仓里—胡里山炮台（图17）。

由此看来，曾厝垵曾作为当时月港的外港，承担起东南沿海贸易的重要转运口岸，有过一段辉煌的历史。但是今天为什么却看不到巨轮商船，海面上千帆百樯的景象呢？

由于厦门的沙滩主要由九龙江带来的泥沙堆积而成，因此，地理位置处于厦门岛最南端的曾厝湾，就成为接受堆积最主要的地方。通过地貌和第四纪地质调查证实，曾厝垵一带属海积阶地，是原来的曾厝湾被泥沙淤积形成的。仅仅几百年的历史沧桑，这个古海湾便被淤平了，这与九龙江沿岸水土流失严重，每年带来250万吨泥沙有关。"垵"在地理上指平缓的坡地，从曾厝湾、曾家澳、曾厝垵澳到曾厝垵这种地名的变更，反映出地理环境的变迁。

另一方面，我们再看看曾厝垵的海岸地貌。曾厝垵前面浅海大陆坡非常平缓，仅2%，从岸线到20米深的水域，距离超过1000米，已经不适宜现代大型船舶停靠，因此不再具备港口的优势。相反，鹭江道及东渡—石湖山等岸线，深水区紧逼岸线，深水线达3000米和6000米，水深都在13

曾厝垵（白桦 供图）

米以上，最深达 30 米，万吨轮船随时可以进港停泊，成为良港便是必然的。

但是古港曾厝垵尽管已不再承担港口功能，这一带如今建成厦门岛最富魅力的观光海岸，每年吸引成千上万海内外游客到这里休闲观光、旅游度假。近 100 多年来曾厝垵地名的变更，也反映出曾厝垵功能定位的转变，从对外贸易港口到农耕、渔牧村庄，再到文创中心、旅游胜地的华丽转身。

海湾古码头

厦门港湾在福建省东南部金门湾内，从大陆岸线东面的同安莲河开始向西蜿蜒伸展，经集美、杏林向南直到排头、嵩屿，再向西延伸到海沧的青礁，全长近 100 千米。厦门岛环岛岸线为 49 千米。

厦门的海岸地貌基本上分为海蚀地貌和海积地貌两种。海蚀地貌以何厝至高崎一带最为典型，自岸边向海里分为海蚀崖、海蚀台和海蚀柱三种。海积地貌按组成物质分为砾礁、沙滩和泥滩三种。因地处亚热带季风区内，风向定时转换，秋冬季的东北大风和夏季台风引起的波浪常常使岸滩的地形发生突变，加上九龙江以厦门港为河口，使得厦门岛海岸的形状多变，堪称千姿百态，成为厦门独特的海岛景观的一个重要内容。从总体来看，厦门岛北部和东北部以海蚀海岸类型为主，为蚀退红土阶地岸，岸壁陡峭，其下常有块状崩塌或海蚀洞穴。东南部和南部，为本岛主要海积海岸类型，总体平直，海滩较窄而多沙滩，以浦口南沿至黄厝、曾厝垵和厦门大学海滨为典型。此外，厦门岛上还有人工海岸，如鹭江道一带，以及少许红树林海岸，等等，构成了沿岸各种奇特美丽的海岸景观。

厦门岛的海岸地貌景观并非一成不变。千百年来，除了台风、地震和海浪等自然因素的作用以外，人类自身为推进社会经济发展而进行的对环境的改造和利用，也是使海岸地貌发生变化的重要原因。厦门岛海岸线古今变化是沧桑巨变。如果我们把古今厦门海岸线作一番粗略的比较，当会为"旧貌换新颜"而感到惊奇。

以典型的人工海岸——鹭江道为例很能说明问题。现在的鹭江道堤岸坚固整齐地屹立在厦鼓海峡的东北侧。建国后，人民政府十分关心厦门港的建设，20世纪50—60年代，先后清理航道，换装栈桥，改造了大小30余座码头，并对鹭江道延伸至厦港避风坞的护岸防波堤加以修理。20世纪90年代，又对鹭江道进行彻底改造，成为厦门客运、观光海岸。创办经济特区以来，为适应改革开放的

1927年筑建的鹭江道堤岸（洪卜仁　供图）

厦门的港湾

需要，更是大力抓紧港口现代化设施的建设，对和平码头（原厦门港客运码头）进行修整，并新建成省内最大的内河客运码头，等等。而今鹭江道上的厦门港已同世界130多个国家和地区有贸易往来，同世界50多个港口直接通航，海上有定期客运航线。21世纪初，东渡新国际旅游客运码头建成使用，和平码头才完成其厦门第一客运码头的历史使命。然而，面对今日繁荣绚丽的鹭江道，有谁曾想到一两百年前，这里还是一片曲折的港湾滩地。

　　荷兰莱顿大学包乐史教授提供过一幅明代末叶的厦门港口图，系铜板画写生，从该图我们可以看到现在的鹭江道一带当时果真是一片港汊平滩。明末，厦门港已逐渐取代泉州安平港、漳州月港的地位，对外贸易日益发展。郑成功据金、厦两岛抗清时，进一步发展东、西洋贸易，"凡中国各货，皆仰资郑氏。于是海洋之利，唯郑氏独操之"。可惜郑氏史料中有关"泛洋"码头的记载极少，唯有《台湾外记》提到1650年郑成功为除郑联，先期泊船只的水仙宫码头。1697年《采硫日记》的作者郁永河要转至台湾，也于二月初二日泊舟水仙宫。清初撤海禁，厦门设通洋正口，正式成为贸易口岸。于是到了18世纪中叶，厦门港口——鹭江道一带已是"近城烟雨千家市，绕岸风樯百货居"。当时岛上居民点和市肆比较集中在"厦门城"（今市工人文化宫附近）及西南滨海港湾与池河纵横交错的低丘之上。

　　1989年，厦门博物馆考古人员在今海关大厦后面的新路街1号发现《重修新路头》石碑及地表下半米深的一段由粗条石和乱碎石叠砌的旧码头遗址。同时又对洪本部巷35号的《重修洪本部渡头碑》进行考察，发现清初的海岸线要比现在的退后百米左右。乾隆年间诗人张锡麟写诗吟咏的"篷礁"，当时"四面临海"，现在却成了离海岸数十米的一处地名，即原蔬菜公司附近的"篷礁"。第一码头那边的"新填地"，据道光《厦门志》载，其前沿原为小岛礁，后面乃竹树脚小渡口，有位姓叶的人氏把小岛礁与渡口之间的浅海填筑而成陆地。清初鹭江道海岸分布有地、宫庙、市肆和民居，滨海港汊犬牙交错，列有竹树脚路头、典宝路头、洪本部路头、得胜（提督）路头和打铁路头等10多座渡口码头。有些港汊海水可以深入，今之大中路与升平路交接处的旧地名"廿四崎脚"，当时就在海边，数十年前该处有一块岩石，刻有"崇祯七年我军熊侯克红夷于浒"几个字。相传其后的文圃山，有郑成功水操台。文士李禧生前有诗写道："剿夷崖蠹铭文古，飞蝠山深夜色濛。"说的就是此地。另一处在今之中山路口，海水一直蜿蜒进入今思明南路旧地名"后路头"一带和原新南轩酒家附近的旧蕹菜

【75】

河。虎头山下临海处本有一块巨大的天然峭岩，明代李逢年曾镌刻筑炮台防倭的题记，俗称"石字临江"，为鹭江胜景之一。清道光十年（1830年），这块大石突然裂崩，直到20世纪30年代初才得以清理成滨海马路，在此之前到厦港一带唯有走鸿山寺、镇南关那一条路。1926年，川岛应鲁迅先生之邀，乘船到厦门，他后来回忆"从太古码头（即和平码头）到厦门大学，还有好几里路，路是曲曲折折的崎岖山路"。可见清代的鹭江道包括现在的鹭江道以及延伸到虎头山下的海岸。

1840年以后，厦门作为对外通商口岸，其地位日益重要，城市建设和码头的兴建已非办不可了。1920年至1932年是厦门首次城市建设的高潮，地方人士林尔嘉、黄奕住等人倡议开山筑路，填河造地，以改造旧城面貌，在土地开发过程中同时进行城市规划建设，奠定了现在厦门旧城区的格局。1927年起分三段筑建鹭江道堤岸，直到1932年才竣工。起初由于对海滩地质未作深入勘察而导致堤岸随着填土软泥的松动而滑坡崩塌，后来由荷兰治港公司改用钢筋混凝土材料为基础，上砌条石，才筑成现在那样平直的堤岸。1952年，人民政府对1937年间崩塌的虎头山脚滨海1571米的堤岸重新填筑。至此，厦鼓海峡厦门一侧的海岸成为规整的人工堤岸。

据地质勘探资料表明，厦门岛存在若干个大小不一的古海湾，它们是：

1．五老峰、蜂巢山延伸的山脊所环围的厦大古海湾。

2．同文山和钟楼山延伸的山脊所环围的思明古海湾，它原从属于筼筜港湾。

3．钟楼山、虎溪岩山、白鹤山延伸的山脊所环围的公园古海湾，原也从属于筼筜港湾。

4．厦禾路一侧的文灶古海湾。

以上4个古海湾，再参照现在市区内有关港、湾、岸等地名，如海岸街、溪岸路、浮屿、后海坡等加以考察，可以了解到200年前厦门古海岸线一个非常粗略的轮廓。20世纪以来，鹭江道的填海筑岸以及20世纪70年代筼筜港的围填改造，却是厦门史上海岸线两次较大的变更。

筼筜港在厦门岛西部，是一条东北—西南走向伸入岛内的最大的海港。清代方志称其"长可十里许，阔四里有奇"，更早恐怕还不止。有人考证筼筜港内自晚唐以后，常有漳、泉来厦，或由厦往外的渡船。

筼筜，是生长在水边的大竹。厦门筼筜港最早见于诗文的当是明天启年间池显方《访陈希儒隐处》一诗中的"魟鱼筜港熟秋天"，民间俚语"筼筜港的魟鱼仔乐得无鳔"明代已有。数十年前，其北岸仙岳至官浔沿岸

依然绿竹丛生。明、清两代,筼筜港是厦门的渔港,入夜渔火奇观,令人叹为观止,清初诗人曾留下"满江渔火列筼筜"的诗句,因而"筼筜渔火"被列为旧时厦门八大景之一。

早年筼筜港东北端的尽头在江头,吕厝竟是水涨成岛的地方。其南岸在金榜山下,唐代陈场老陈黯就曾坐在山下"鹰搏兔"那块石头边垂钓,20世纪二三十年代筑建厦禾路时才湮没。当年,厦门城区大举开发建设,市政当局成立填港办事处,填筑筼筜港南岸海滩造地,并于1922年铺设厦禾路,使筼筜港面积缩小了。20世纪50年代,从文灶到后江埭一带不少工厂就临海滩。1970年7月,首次在筼筜港口筑堤,翌年9月基本竣工。该堤长1700米,从此筼筜港被改称筼筜湖,湖四周填成大片陆地,除了湖面和环湖绿地2.5平方千米外,相当于老市区的面积。厦门经济特区一条主要的交通大道——湖滨西路就铺设在堤上,成为新的人工堤岸。

新中国成立后,厦门兴建了4条海堤:高集海堤、杏集海堤、马銮海堤、筼筜港海堤,还有许多较小的海岸和围填工程。1955年10月建成的高集海堤长2.21千米,从此厦门成了半岛。第二年12月竣工的杏集海堤长2.82千米,使杏林湾变成一个淡水湖,湖畔围垦的土地为杏林工业区和台商开发区提供的大量的土地资源。1960年竣工的马銮海堤长1.67千米,围垦的土地是今天海沧投资区新阳工业区。

除此,由于地理环境变迁消失或缩小的古港湾、码头,如早期的港口曾厝垵,以及厦大古海湾变迁为沙坡头小避风船坞和几个内陆小湖泊(演武池、放生池、芙蓉湖等)。

海岸

厦门海岸线总长度234千米,海岸类型颇为复杂。根据各岸段的动力因素、组成物质、地貌特征及所处的方位,大致可划分为基岩海岸、沙质海岸、台地土崖沙泥质海岸和港湾淤泥质海岸等四种类型。

基岩海岸

本类型海岸组成物质主要为花岗岩、火山岩及变质沙岩等基岩。水动力以波浪作用为主,沿岸海蚀地貌发育,常可见到海蚀陡崖、海蚀洞穴、海蚀柱及海蚀槽沟等地貌形态。基岩海岸分布零散,主要见于基岩岬角岸段，如厦门岛东海岸的白石头、香山角、五通头及同安湾口澳头等岸段。除大嶝岛外，大部分海岛均为基岩海岸。

沙质海岸

本类海岸多发育于基岩岬角间的海湾内，主要分布于厦门岛东南部、鼓浪屿南部和大嶝岛双沪—嶝崎一带。沿岸沙堤、沙坝和沙嘴等沙质地貌堆积体发育，特别是厦门岛东南沿岸，岸线长达15.9千米，在黄厝和溪头一带沿岸沙堤发育，长达数千米，宽10余米，高1～3米。岸前沙滩发育，是开辟海滨浴场、海滨度假休闲地的黄金岸段。

台地土崖沙泥质海岸

本类海岸由岩石风化的红土层组成台地，海岸面向北或东北，在东北风浪作用下，海岸崩塌，构成直立状土崖，高约数米至十余米不等。岸崖前缘高潮带常见宽约10米左右的沙滩带，中低潮带则为沙泥滩。本类海岸仅见于厦门岛高崎—五通及杏林。

港湾淤泥质海岸

本类海岸地处隐蔽的港湾，水动力以潮流作用为主，海岸发育大片淤泥质潮滩，滩面宽阔平坦，宽者达数千米。

本类海岸分布最广，主要见于厦门西部海域沙坡尾—高崎段、杏林、海沧沿岸，同安湾的北岸、西岸及东岸，大嶝海域的欧厝—莲河岸段及大嶝岛的西岸和北岸。

滩涂

根据潮间地貌特征、水动力条件及组成物质的差异，厦门市潮间带滩地可划分为岩滩、沙滩和泥滩等三种类型。

岩滩

主要分布于基岩海岸突出部侵蚀岸段潮间带，多呈海蚀平台，其上散布岩块和礁石。岩礁间低凹处常有砂砾堆积，滩面起伏不平，一般滩面宽

度约 10 余米，大者可达 50 米。滩地后缘与海蚀陡崖相接，崖壁浪蚀穴，海蚀洞发育。

厦门市岩滩所占面积最小，为 112.09 公顷，约占全市潮间带滩地总面积的 0.88%。岩滩分布零散，主要见于厦门岛东海岸的胡里山角、白石头、石胄头、五通角，鼓浪屿南岸，海沧区排头以南和嵩屿以南岸段，翔安区澳头南部，大嶝岛及角屿沿岸。

本类岩滩呈海蚀景观，奇岩怪石千姿百态，是兴建海滨公园、垂钓场的备选场地。若前沿水深条件好，也是港口码头选址地。

沙滩

主要见于小型岬湾沙质海岸潮间带。这类海岸向陆地凹入，湾的两侧有岬角环抱，湾口开阔，面向东北或东南常风向，水动力以波浪作用为主，在滩地上沉积中细沙或中粗沙或砾石粗砂等沉积物。沙滩剖面发育较完整，潮上带往往有一道或两道沙堤，潮间带上沙滩坡折明显，分带清楚；高潮滩坡度约 6～9 度，中潮滩 5～6 度，低潮滩约 0.5～1 度。中低潮滩坡折处，常发育树枝状退潮回流冲刷沟。厦门市沙滩长度共有 27.69 千米，面积 2011.91 公顷，约占全市潮间带滩地总面积的 15.85%。

泥滩

多分布于内湾或背风岛岸。水动力较弱，以潮流作用为主。滩地上沉积物以粉沙质泥为主，或泥质粉沙，或粉沙，或泥沙混合沉积。泥滩滩面宽阔平缓，坡度仅 0.5～1 度，其上常有蛇曲状潮沟蜿蜒。

厦门市泥滩分布广，所占面积最大，为 10567.35 公顷，占全市潮间带滩地总面积 83.27%。集中分布于厦门西港和同安湾沿岸及大嶝岛北岸和西岸。

厦门的海洋资源

海洋资源除了港口资源、水产渔业资源、滩涂资源，还有海水化学资源、矿产资源、海洋能资源。

海水化学资源

海水化学资源是一种潜在的巨大工业资源，海水中含有80多种化学元素，是世界上最庞大而复杂的化学体系。但是这些元素含量低微，大大地限制了它们的开发利用。随着科学技术的进步，海水化学资源将会不断地被开发利用，目前海水化学资源开发利用主要是制盐工业。此外，海水中溴、钾、镁等元素储量很大，一些发达国家，如日本，已能从海水中直接提取溴和镁，每年生产70万吨镁砂。厦门曾做过从海水中提取钾、镁、溴的探索实验。厦门海水化学资源开发利用，仅有制盐工业。

厦门滩涂广阔，滩地多为泥滩，底质类型多为黏土质粉沙或粉沙质黏土，黏土含量超过40%，盐田渗透性小。海水盐度较高，一般在30左右，加上蒸发量大于降水量、日照强、风力较大等气候条件对盐业生产十分有利。厦门原有盐田面积2566公顷，生产面积1946公顷，年产盐量12万吨，占福建省海盐产量的13.2%。所产海盐质量优良，优质盐和一等盐占绝大部分，年景好时，达90%左右。质量成分中氯化钠平均含量一般在92%以上，水不溶物小于0.4%，可溶物小于2.2%，均达到一级品标准。厦门盐田现在所剩无几。

原厦门电化厂以海盐电解制备烧碱、氯气和氢气，并生产漂白粉等后续产品。1989年生产30%烧碱8800吨，盐酸1300吨，液氯1850吨。1989年产值达2580万元。电化厂生产的烧碱供应厦门及闽南170多家工厂，盐酸供应240多家工厂，漂白粉供应140多家工厂使用。

海洋矿产资源

厦门海洋矿产资源主要有滨海矿产及近海石油、天然气两种类型。

1. 滨海矿产。厦门滨海矿产可分为滨海金属矿产和建筑用沙两种矿产。
2. 滨海金属矿。主要分布于厦门岛东海岸黄厝滨海地带。已探明中型和小型矿床各一处，总储量约5.41万吨。具有开采价值的矿种，有独居石、钛铁矿、磷钇矿、锆石及磁铁等。
3. 建筑用沙。厦门建筑用沙资源丰富，主要分布于九龙江口鸡屿海域、同安湾水下沙坝及厦门岛东岸滨海地带。矿体规模较大，总储量估计达亿吨以上。矿物成分以石英砂为主，粒度成分以中细沙为主，是良好的建筑材料。应当特别提出，厦门岛东岸沙滩沙是宝贵的海水浴场旅游资源和保护岸滩的环境资源，应加以保护，绝不能作为廉价的建筑用沙开采。九龙江口及同安湾的建筑用沙可以开发，可与疏浚航道结合起来。

4.近海石油、天然气资源。据调查，台湾海峡有较丰富的石油天然气资源，临近厦门海域发现两个储油气凹陷构造。其一，距厦门东南110千米的"九龙江凹陷"，面积3100平方千米；其二，距厦门东北160千米的"晋江凹陷"，面积4800平方千米，主要油气层厚度达3000米以上。可望找到中小型油气矿床，有待于进一步勘探。

海洋能资源

海洋是一庞大的储能库。海洋能包括潮汐能、潮流能、波浪能、盐差能和温差能等。

海洋能是一种新能源，具有蕴藏量大、可再生、干净等优点。海洋能的开发还可与海水淡化、养殖、化工、防波工程及旅游等综合利用，又有不占陆地空间、不需要燃料等特点。但是海洋能在一定范围内能量密度很低，具有时空变化，又受海洋环境的限制，海洋能开发投资大，工程技术要求严格，开发利用难度大。目前，海洋能的开发利用在世界范围还处于初始阶段，除潮汐发电业已实际应用外，其他海洋能的开发，尚处于基础研究阶段。

就厦门海洋环境条件分析，不存在温差能，潮流能和波浪能资源量小，开发价值不大。九龙江口盐差能的理论功率为117.47万千瓦，占福建盐差能的15%。各月的盐差能理论功率变化范围在37.43万千瓦～306.49万千瓦之间，均超过技术规定的要求，具有开发价值，但其商业性开发尚处于探索阶段。厦门海域潮汐能资源丰富，据杏林湾、同安湾和九龙江河口湾等三处的初步调查估算，潮汐能总蕴藏量达110亿千瓦，年发电量26亿千瓦/时，并具有建设潮汐电站的的优越条件。可以在火烧屿（装机容量10万千瓦）、五通（41万千瓦）和鸡屿（60万千瓦）三处建造三座潮汐发电站。目前，潮汐发电技术已较成熟。厦门市的海洋能资源开发，应以潮汐发电为主。但要慎重考虑，潮汐电站的建设是否会引起港口的淤积等问题。

厦门周边的岛屿

海是厦门的最大特色，湛蓝的大海碧波浩淼，一缕清新的海风吹得人们醉意陶然。厦门有丰富的海洋旅游资源，旖旎妩媚的海岛，曲折逶迤的海岸，秀丽迷人的海湾，一泓清澈的海水，繁忙又不失宁静的海港，细柔洁白的沙滩……世界最具魅力的旅游热点，当属绮丽的滨海风光与优良的沙滩浴场，在国外被称作吸引游客"三S"，即海洋（Sea）、沙滩（Sand）、阳光（Sun）。夏威夷、巴厘岛、普吉岛、里约热内卢以及我国的北戴河等，就是这样的地方。而厦门和它们一样拥有这种得天独厚的天然优势。如果没有海，厦门将失去一半的真，失去三分之二的美。

在厦门海域内散布着20多个拥翠叠绿的无居民小岛及50多个岩礁，犹如数十颗晶莹璀璨的宝石，散落在厦门岛的周边海域（图18），镶嵌在我们这个蓝色海湾。这些岛礁景致趣异，对游客有着神奇的吸引力。据清杨国清撰写的《鹭江山水形势记》记载：厦门岛"左辅宝珠，右弼猴屿，日月护峡分明。北有金髻、镜台、鼠屿为送，南有东坑、白屿、嵩屿为护"。这里的"宝珠"、"镜台"、猴屿均是西港小岛，"金髻"屿、鼠屿可能是与镜台屿在一起的红屿、猫屿之误，而嵩屿现已成为半岛，白屿则属龙海市。

据1990年海岛资源调查，厦门市除了有居民（或驻军）的厦门岛（128.14平方千米）、鼓浪屿（1.78平方千米）、大嶝岛（12.18平方千米）、小嶝岛（0.85平方千米）、角屿（0.24平方千米）等岛屿外，还有28个无居民海岛及58个岩礁（表4、表5）。面积大于500平方米的无居民海岛有23个，其中8个海岛因经济建设的需要（码头、机场、开发区），填土与厦门岛或大陆连成一片，已失去海岛的特征。如象屿、中屿、狗睡屿、虎屿、黑仔屿、小离亩屿，由于人工填海与厦门岛连成一体，成为保税区、码头、船坞、机场、铁路的建设用地。钱屿也与海沧连接成陆，成为海沧投资区的一部分。乌鸦屿也已与大兔屿连成一个岛。所以厦门现存面积大于500平方米的无居民海岛只有15个。

表4　厦门无居民海岛一览表

岛名	位置	高程（米）	面积（平方米）	岸线长（米）	附注
鳄鱼屿	同安湾	16.5	149484	1874	
大离亩屿	同安湾	16.8	21832	784	
小离亩屿	同安湾	8.1	548	85	已连陆
黑仔屿	同安湾	15.6	790	113	已连陆
宝珠屿	西港	17.4	2710	202	
红屿	西港	15.3	11677	430	呈屿
象屿	西港	25.7	21414	629	已连陆
镜台屿	西港	11.3	1032	123	
中屿	西港	16.8	12965	511	已连陆
虎屿	西港	26.1	11804	560	已连陆
火烧屿	西港	34.1	245741	2694	
大兔屿	西港	41.3	83226	1533	
乌鸦屿	西港	19.3	6400		并入大兔屿
小兔屿	西港	10.5	4645	423	
白兔屿	西港	3.3	6709	355	
猴屿	西港	20.3	14306	482	
大屿	西港	59.9	185742	2341	
虾屿	西港	3.3			
猫屿	西港	10.8	400		
狗睡屿	西港	22.3	15222	533	已连陆
龟屿	西港	31.4	8250		
冬瓜屿（麻风屿）	西港	14.3	2500		已连陆
钱屿	九龙江口	30	73530	1195	已连陆

续表

岛 名	位 置	高程（米）	面积（平方米）	岸线长（米）	附 注
鸡屿	九龙江口	64.4	361741	3256	
尖屿	东海域	13.3			大尖礁
上屿	东海域	11.4	6210	284	
烟屿	东海域	7.1			
槟榔屿	东海域	36.4			

表5　厦门市主要礁石一览表

礁石名称	分布海域	附注	礁石名称	分布海域	礁石名称	分布海域
将军礁	厦门西海域		车曾礁	厦门西海域	长尾礁	厦门东海域
牛灶礁	厦门西海域		双礁	厦门西海域	干出礁	厦门东海域
水尺礁	厦门西海域		酒瓮礁	厦门西海域	大尖礁	厦门东海域
江心礁	厦门西海域		牛粪礁	厦门西海域	伴子礁	厦门东海域
面前礁	厦门西海域		鳗尾礁	厦门西海域	怀信石	厦门东海域
章鱼礁	厦门西海域		乌站礁	厦门西海域	土地公礁	大嶝海域
狗头礁	厦门西海域		黑礁	厦门西海域	七星礁	大嶝海域
鹿耳礁	厦门西海域		大潜礁	厦门西海域	禾尚礁	大嶝海域
黄礁	厦门西海域		蛇礁	厦门西海域	无名礁	大嶝海域
印头礁	厦门西海域		东礁	厦门西海域	荔枝礁	大嶝海域
内户定礁	厦门西海域	暗礁	桥尾礁	厦门西海域	鲨鱼礁	大嶝海域
外户定礁	厦门西海域	暗礁	万金礁	厦门西海域	毒礁	大嶝海域
漳福礁	厦门西海域	暗礁	青兰礁	同安湾	江心礁	大嶝海域
白头礁	厦门西海域		潮围礁	同安湾	观音礁	大嶝海域
七星礁	厦门西海域		长礁	同安湾	白虾礁	大嶝海域
乌贼礁	厦门西海域		笠成礁	同安湾	前礁	大嶝海域
外剑礁	厦门西海域		小石虎	同安湾	林头礁	大嶝海域
墓前礁	厦门西海域	暗礁	大石虎	同安湾	东礁	大嶝海域
赤礁	厦门西海域		半羊礁	厦门东海域		
英礁	厦门西海域		石后礁	厦门东海域		

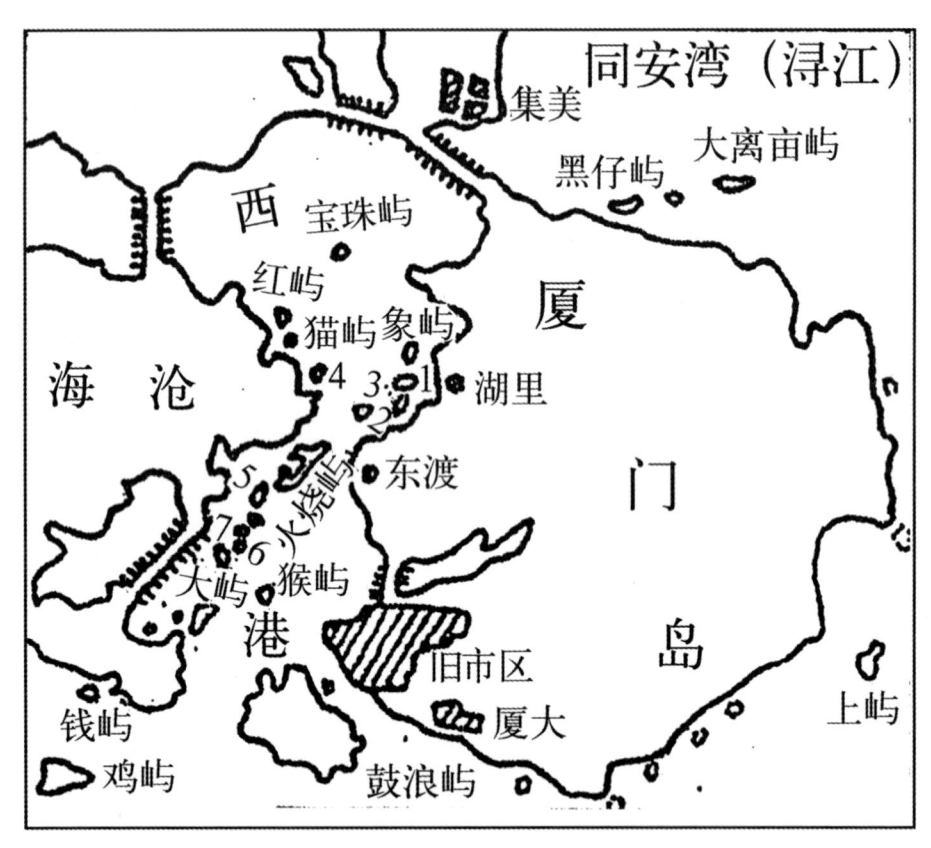

1.中屿 2.狗睡屿 3.虎屿 4.镜台屿 5.大兔屿 6.小兔屿 7.白兔屿

图18　厦门岛周围小岛分布图

　　岛屿是指四周环水，并永远居于高潮水面之上的自然形成的陆地。岛屿按成因可分为大陆岛、海洋岛（火山岛和珊瑚岛）、冲积岛等3种类型。厦门海域的海岛均属于大陆岛。这类海岛原是大陆的一部分，后来由于地质构造运动和海平面上升，从大陆分割出来形成海岛。因此，这类海岛多分布于大陆边缘，在地质上均与大陆有关联性或相似性。厦门海域海岛的形成和分布，深受北东、北北东、北西和近东西向断裂构造控制，并具有海湾岛群分布特征。如厦门西港海域有3个岛群，北部有宝珠屿—红屿—镜台屿岛群，呈北西方向分布；中部有火烧屿—大兔屿—小兔屿—白兔屿—大屿岛群，呈北东方向展布；猴屿—鼓浪屿岛群呈北东方向分布。除此之外，其他海域的岛群为：九龙江口有钱屿—鸡屿岛群，同安湾有鳄鱼屿—大离亩屿—小离亩屿—花仔屿（黑仔屿）岛群，厦门岛东侧海域有尖屿——上屿岛群。

厦门海域的小岛，大者如鸡屿，面积0.36平方千米，小者如猫屿只有400平方米大小。这些小岛距离都很近，如火烧屿南面的大兔屿、小兔屿、白兔屿，相互之间近在咫尺，便于安排旅游路线。多数小岛根据各自的肖形以动物命名，如虎、象、猴、狗、猫、兔、鸡、龟、蛇、虾等，奇趣无穷。

厦门这些小岛组成的岩石却各不相同。宝珠屿、虎屿、红屿、猴屿是花岗岩小岛，钱屿、大屿是由火山碎屑熔岩、火山凝灰岩组成，而构筑鸡屿、火烧屿、大兔屿的岩石却是厦门市境内最古老的岩层，即距今1.9亿年的侏罗系下统梨山组地层。厦门这些小岛风光旖旎，是发展海上旅游项目极理想的条件。

宝珠屿位于西港北部的宽阔水面，虽是弹丸小岛，然地理位置特殊，使它占尽风流，是海上揽胜绝好去处。素有"海上画山"之称的火烧屿，岛上有颜色迥异、形态奇特的岩石，有各种各样构造形迹，是一座天然地质博物馆。加上生态环境良好，有鹭类、鸥类海鸟成群在此栖息，火烧屿完全可以建成最好的地质公园。猴屿地处鹭江航道要冲，是观察特区的窗口，每天迎送进出厦门港的各国巨轮。在这里可以领略海上风光，遥望海沧投资区，凭眺繁华市区车水马龙、鳞次栉比的高楼、五彩缤纷的夜景，美不胜收……

龙口明珠——鸡屿

厦门的小岛礁，犹如一把璀璨的宝石撒落在厦门岛周围的水域，星罗棋布地拱卫着它。其中风景最美的就数鸡屿。鸡屿这个位处九龙江口的小岛，面积0.36平方千米，是厦门最大的无居民海岛。行政区划隶属海沧镇后井村，岛上无固定居民（图19）。鸡屿距海沧最近的沿岸约1000多米，远远望去，小岛傲然屹立在奔腾的龙江入海处，犹如浪尖上一艘不沉的战舰。岛上林木葱茏，因为长期很少有人涉足，鸡屿的风物和故事还鲜为人知，一直充满神奇莫测的色彩，仿佛一座蒙着神秘面纱的琼台仙山。

图19　鸡屿地理位置图

据清道光《厦门志》记载：

圭屿，在厦门西，澄、厦交接处，屹立海中，状如龟浮波面，故名龟屿。隆庆间置城，万历年间建塔。后俱毁，今塔重修矣。

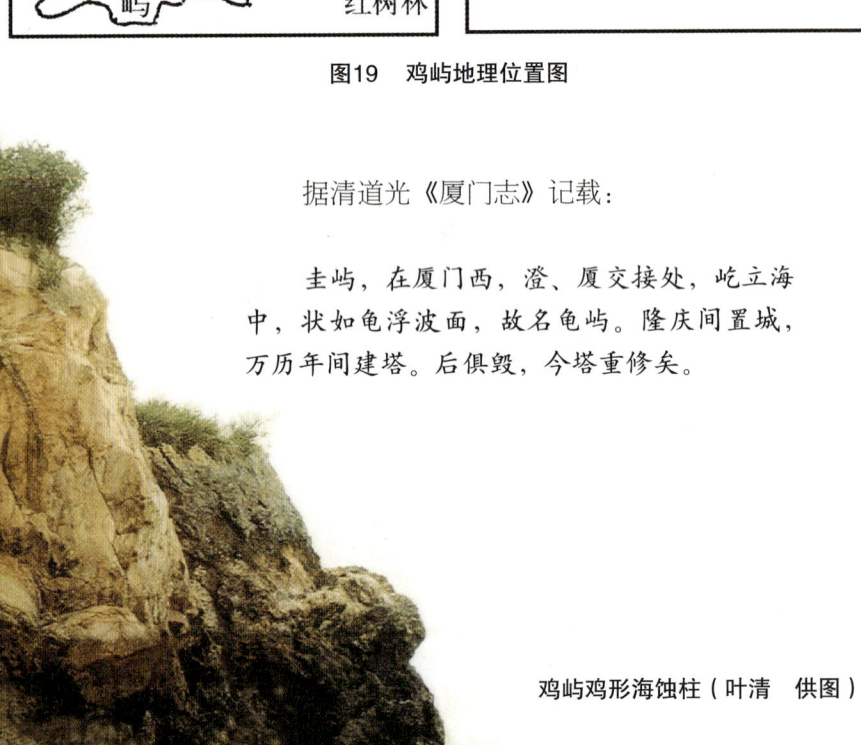

鸡屿鸡形海蚀柱（叶清　供图）

厦门周边的岛屿

  1991年春天，笔者随同海岛资源考察队前往鸡屿。当考察船驶出嵩鼓水道，面前一山浮于苍茫水中，四周波涛浩瀚，只见成群的海鸟和苍鹰在小岛上空翱翔、盘旋。忽然，三四只通身雪白的中华白海豚在距考察船不远处，不断跃出水面，沿着小岛附近的深水水道欢快地向外海游去。

  鸡屿形态极像古代帝王诸侯朝觐或祭祀时手持的玉圭，故命名圭屿。"圭"和"鸡"在厦门闽南方言同音，便逐渐演化为鸡屿。远远望去，小岛如一只巨龟浮在波面，于是又得名龟屿。岛的大部分地方除了航运部门设置几个大型航海标志，基本上是荒山野岭，到处长满郁郁葱葱、遮天蔽日的马尾松、木麻黄以及台湾相思。山坡则野草以及桃金娘灌木丛生，倘若是金秋时节，漫山遍野紫色的清甜的桃金娘果，一定令你垂涎欲滴。鸡屿植被覆盖率达

鸡屿情人礁（叶清　供图）

99.69%，是厦门绿化程度最高的海岛。岛西滩涂有块红树林群落保护区，这些海洋骄子先前在厦门附近大量繁衍生息，保护岸线不受海浪侵蚀。可惜我们对资源保护不力，红树林资源现已廖若晨星，这块保护区对研究生态环境极有价值。

考察船在西北礁滩靠岸，队员们先沿岸线环岛走一圈，一定距离定一个点，就地形、地貌、岩石、沙土、地质构造进行描述和取样。然后登高深入腹地。小岛长约1100米，最宽处约700多米，最高处海拔64.90米。岛四周不是礁石错落，便是陡崖峭壁，我们要小心翼翼才能攀援而过。有时也会豁然开阔，遇到一湾洁白细软沙滩，脱下鞋子在上面行走，自有一番乐趣。组成鸡屿的岩石原来定为晚侏罗系南园组，经过这次大规模科学考察，修正为早侏罗系梨山组，这样把它生成年代起码提前4000万年。受到九龙江下游北西向大断裂影响，岩石构造节理十分发育，还可以发现动力变质的副矿物——红柱石。长年累月遭受海水海浪的冲刷、侵蚀，鸡屿海蚀地貌随处可见。这些形态奇特、惟妙惟肖的地貌景观，或似骆驼远行（骆驼礁），或似蛟龙入海汲水（龙头礁），或似一对情侣驻足海边悄悄诉说情话（情人礁）。尤其令人叫绝的，岛之东南海边一块造型奇特的海蚀柱，从侧面看，仿佛是一尊渡海观音，因此称它为"观音石"，这在地方志上也有记载。但是如果从正面看，更像一只挺起胸脯引颈长鸣的雄鸡。笔者以为，这是鸡屿其名新解最好的脚注。

鸡屿是海上进入内陆门户，史料记载，400多年前明隆庆年间岛上修建寨城、庙宇、宝塔，还设置相当今天海关的机构，"盘验"和"稽查"来往船只。这里水面宽阔，周围一环深水带素有"金带水"之称，适宜大型船只停泊。相传南宋末年少帝赵昺避祸经过这里，遇到狂风大浪，遂解腰间金带抛入海中，顿时风平浪静，变成这环水带。尽管这仅仅是传说，然而当时厦门港尚未兴起，鸡屿附近水面宽阔，适宜大型船只停泊，作为东南沿海重要对外贸易港口——月港（海澄）的一部分，这确是事实。鸡屿地理位置险要，是军事要冲，为防外患，古时岛上有驻军。明天启二年（1622年）荷兰兵舰进犯，为打通进入内陆的门户，重兵逼攻鸡屿要塞。然城池固若金汤久攻不下，侵略者终未得逞。"明万历初，筑城御海寇，称为害地，议移海门司驻防，不果。天启间，红毛出鹭门，逼圭屿。知县刘斯崃退之。城塔久圮，今塔重修。"（《漳州府志》）从这里不难看出，鸡屿有过一段繁荣而且辉煌的历史，绝非今日所见的荒僻小岛——块远未开发利用的处女地。

鸡屿虽然无固定居民，20世纪50年代，海沧公社曾在岛上办养猪场。现在也常有水产养殖及紫菜加工人员数十人在岛上临时寄居。鸡屿西侧沿山边有五口水井，多利用山体涵养的山泉作水源。据访问调查，其中一口井的淡水，雨季时可供300多人饮用。

鸡屿远离喧嚣闹市，清幽绝俗，空气清新，风光旖旎，具有浓郁山野气息，而且距离海沧投资区仅1500米。倘若建成海沧投资区的度假村、风景游览区或迪斯尼乐园，可以断言，那诗情画意般的境界，一定会令每个人如痴如醉、流连忘返。我们原打算利用这次登岛机会造访古迹，重睹先祖遗风。然而旧时城寨、古塔和庙宇在二十世纪五十年代已塌毁，加上漫山遍野林木茂密、蔓草丛生，已经很难寻觅。如果能部分修复古迹，让后世重温历史，意义非浅。

龙口要塞——钱屿

《海澄县志》载："钱屿，在厦门西，去澳头南半里，四面环海。天启二年，上筑铳城，与圭屿、木屿为呼应。今城址尚存。"火铳就是古代军队使用的火器，构筑铳城是作为御敌寇的战略要塞。

钱屿的地理位置，使它的战略地位变得十分重要（图19）。钱屿在海沧岸边，距林尾村最近距离才100多米，面积0.074平方千米，高程30米。钱屿与鸡屿（圭屿）互为犄角，扼守进入内陆的九龙江口主航道。构成钱屿的岩石和嵩屿半岛一样是晚侏罗纪南园组的火山岩。钱屿南岸是深水岸线，很适合

钱屿红树林（1991年叶清 摄）

钱屿旧城堡遗迹（1991年叶清 摄）

建深水码头。因此，在20世纪90年代钱屿便被填筑与海沧陆地相连。现在这里是嵩屿电厂的煤码头，已经失去任何岛屿的特征了。

　　1991年海岛资源调查时，钱屿虽然已经没有居民，但是南岸边的旧城堡遗址依然清晰可见，可惜如今这些遗址已被钢筋混凝土所淹没了。另外，在钱屿与大陆之间，我们发现一片厦门地区难得一见的面积较大的红树林，曾经令我们兴奋不已，现在也消失得无影无踪。关于钱屿的故事，今后只能从史料中去了解。

神奇的地质博物馆——火烧屿

　　火烧屿位于厦门西港，距东渡港约800米，西距海沧水头500米，是厦门市除鼓浪屿外，面积仅次于鸡屿的海岛，约0.25平方千米（合25公顷），最高海拔34.8

厦门周边的岛屿

米。从平面图上看，其形态恰似一只烧熟的大龙虾，南北呈长条形，东边一小山脊南北贯穿，西边伸出三个小岬角，形成二个小海湾。海湾围筑成湖，面积约5.9公顷。构成海上有岛、岛中有湖、湖中有陆的景观（图20）。

火烧屿名字来历颇为传奇，据说这个与厦门岛近在咫尺的小岛原是海盗盘据的地方，一次官兵上岛围剿，放火烧了匪巢，岛上的岩石便被烧成红色。其实这纯属附会，构成小岛的岩石所以会呈现出红色、褐色、紫色、黄色、灰色、黑色、白色、蓝色等五颜六色，皆因所含矿物质所致。当人们从小岛西边的码头登岸，立刻会被山坡上一巨幅色彩斑斓的抽象派"山水画"所吸引，岩石上不同颜色的彩条和色斑构成千万瑰丽图案。难怪不少文人墨客来到火烧屿都会惊呼："此乃海上画山。"

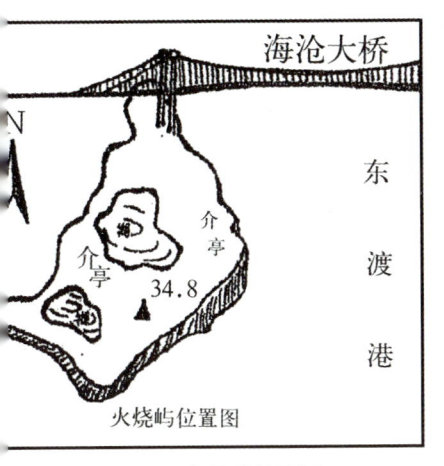

图20 火烧屿位置图

火烧屿不仅岩石色彩迥异，图案万千，同时滨岸海蚀地貌十分发育，由海蚀崖、海蚀洞穴、海蚀平台组合构成典型的海蚀地貌景观。在小岛东岸海滩还有一片距今4000年前古红树林遗迹。火烧屿的岩石在厦门市境内堪称最为古老，属侏罗系下统梨山组地层，距今约1.9亿年。这里的岩石主要是灰黄色浅变质砂岩、粉砂岩，浅紫色、黑色的泥岩，还有少量灰绿色、褐红色火山凝灰岩。这种岩石与质地坚硬的花岗岩截然不同，属于沉积类型的岩石。花岗岩是高温岩浆冷凝而成，而沉积岩则是岩石碎屑或化学沉淀物质经过漫长的地质年代沉积、压实、石化而成的。因此，花岗岩中是不可能找到古代生物的化石。而在火烧屿东岸的岩石中，科技工作者先后发现苏铁杉（Podozamites lanceolatas）、尼尔桑（Nilssonia"sp）、新芦木（Neocalamites sp）

火烧屿岩石景观（叶清 供图）

厦门周边的岛屿

火烧屿的小型地质构造
（谢在团　供图）

等1亿多年前古代植物化石。

　　根据地质勘察，火烧屿的地层与对岸的东渡地层是一致的，可见它与东渡原来是连在一起的，只是地壳运动它们之间发生断裂才分开，断裂带被海水冲蚀形成港道。港道虽然不宽，此处涨、退潮流速较大，泥沙不易淤积，因此水深达25米，可停泊5万吨巨轮。东渡码头由此成为厦门重要口岸。

　　火烧屿的石头闻名遐迩，与著名的太湖石相媲美，原因不仅五颜六色，而且形态各异，是制作盆景和公园假山的极好材料。中山公园和菽庄花园的假山使用的就是火烧屿岩石。厦门居民常说的"火烧屿出盆景石"。经查，这种"盆景石"应指火烧屿断层破碎带中被铁质、硅质胶结的断层角砾岩及含铁砂岩。色红褐似烧焦，软的部分被风化剥蚀形成千奇百怪，可供作盆景石利用。

【95】

那么奇异的火烧石是如何形成的呢？原来火烧屿的岩石硬度并不均一，硬的砾岩、砂岩和软的泥岩、泥灰岩相间，在海浪冲蚀和风化作用下，硬的凸出来，软的凹进去，加上海浪长年累月冲蚀，在岩石表面出现许多溶蚀洞穴，于是形成奇形怪状石头，煞是好看。

火烧屿还是天然地质博物馆，地质构造形迹保存完整，类型多、典型、清晰。褶皱构造和断裂构造都很发育，有大型单斜构造，也有小型背斜构造和奇巧的微型构造。火烧屿地貌由低丘、台地组成，地形起伏，海岸曲折。因此，对研究地质构造、地球化学、岩石、地貌都很有意义，是地学研究及大中专学生实习、考察理想基地。

以前的火烧屿是除大屿外又一个白鹭、海鸟集中栖息地。百鸟群集，蔚为壮观。但随着海沧大桥建成后，火烧屿开辟成风景游览区，鹭鸟只好飞走另觅新家园。

火烧屿是厦门开发最早、开发程度最高的无居民海岛。从20世纪80年代开始，市政府组织群众上岛植树造林，共种植60多万株各种树木。把一个荒凉的海岛变成披上郁郁葱葱"绿被"的人间花园，全岛林木覆盖率达90%以上。到处树影婆娑，绿叶摇曳，花木绚丽夺目。还修筑上山石阶游览小径，高处各地建供游人小憩的观景亭。海沧大桥建成后，火烧屿建成厦门新的风景游览区，建有小木屋度假村。每天从厦门岛客运码头有定时班轮到火烧屿，游人来往火烧屿更加便捷了。不过笔者也担心，随着火烧屿开发程度的提高，纷至沓来的游人是否将导致火烧屿原有生态环境及自然景观资源的破坏。

白鹭的家园——大屿

大屿靠近嵩屿，是西港面积仅次于火烧屿的无居民海岛，面积约0.19平方千米，最大高程59.9米。构成大屿岩石与厦门岛狐尾山及海沧嵩屿半岛的岩性一样，是13000万年前侏罗纪晚期的火山岩，岩性以沉积类型的火山碎屑岩为主。岩石风化后成为赤红壤，土壤肥沃，因此林木茂盛。全岛植

大屿岛上的白鹭（郑阿栗 供图）

厦门周边的岛屿

大屿海蚀地貌（海洋三所　供图）

被覆盖率95%以上，主要树木为马尾松、相思树以及桃金娘等灌木群落树种，还有到处匍匐地面的小叶羊角藤等藤木植物以及刺芒野古草、鱼腥草、山菅兰等草本植物，使整个海岛处于原始生态。走进大屿树木翁郁的山峦，穿行在遮天蔽日丛林中，仿佛置身于原始森林里。

1941年12月8日太平洋战争爆发后，大屿成为沦陷后的厦门、鼓浪屿与中方控制下的大陆沿海地区之间的双不管地带。逃难的难民们逃至这个小岛上避难达数月之久，忍饥挨渴。经历这段历史的老人，每当回忆起大屿岛上难忘岁月，至今仍倍感辛酸，不堪回首。

大屿是厦门市人大立法设置的白鹭自然保护区，并且派有专人在此管理。平时未经有关部门批准，任何人都不可以随便上岛。由于受人为干扰较少，长久以来大屿便成了鹭鸟、海鸥筑巢安家的世外桃源。据统计，现在有2万多只白鹭、夜鹭、池鹭以及各种海鸟在岛上栖息。

鹭鸟，属鹳形目鹭科（Clconiiformes　Ardeidae）的涉禽。鹭鸟全世界有17属62种，我国有10属20种，其中白鹭属我国有5种，这5种厦门全部都有，它们是小白鹭、中白鹭、大白鹭、黄嘴白鹭、岩鹭。其中黄嘴白鹭、岩鹭为国家二级保护动物。

鹭鸟对栖息环境有共同要求,那就是:通风向阳的树林和宁静、清净的水面,尤其对空气和水质的优劣十分敏感。因此,鹭鸟被国际环境保护组织誉为"大气和水质状况的监测鸟"。

厦门冬暖夏凉的气候,清新的空气,周边滩涂、浅海有小鱼、小虾、贝类动物为鹭岛提供充足食物,大大小小岛礁和茂密的马尾松、木麻黄、相思树、红树林,又为鹭岛预备十分舒适的栖息环境。因此,厦门成为鹭鸟喜爱的家园,厦门岛也就有了鹭岛之称。厦门人对白鹭有特别深厚的感情,1986年10月经过广泛征集群众意见后,厦门市人大八届二十三次会议审定通过确定白鹭为厦门市市鸟。

由于特区经济建设的发展,厦门适合鹭鸟栖息的地方越来越少,不少鹭鸟不得不离乡背井迁徙别处。现在厦门除了鸡屿,大屿便是鹭鸟最后的伊甸园。在这里,它们或自由自在哺育雏鸟、展翅低翔于林间,或婷婷玉立在高高的树冠。白鹭皎洁的羽毛,千娇万媚的倩影,楚楚动人,分外妖娆。

西港的明珠——宝珠屿

当你漫步在厦门大桥,驻足向西南望去,便可以看到一座美丽的小岛在西港北部宽阔的水面突兀而起,这就是名闻遐迩的宝珠屿。宝珠屿行政区划隶属于杏林街道高浦村,虽然面积只有0.0027平方千米,在1:50000的地图上很不显眼,可谓弹丸小岛。然而特殊的地理位置却使它占尽风流,成为看特区建设成就的最好窗口。

厦门岛周围的岛礁面积都不大,除鸡屿、火烧屿、大屿外,面积都在0.1平方千米以下。但是它们地理位置特殊,加上小岛风光旖旎,是开发小

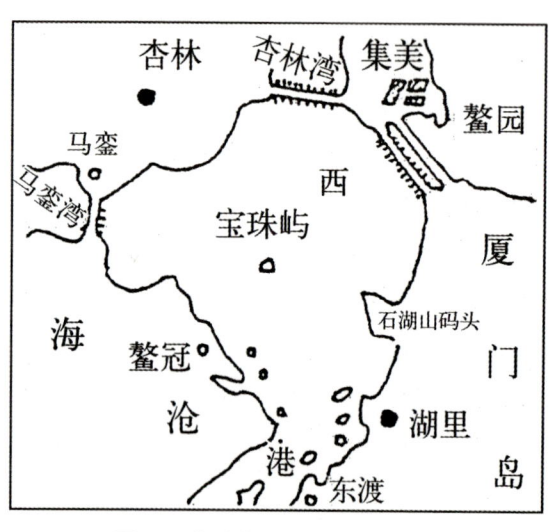

图21 宝珠屿位置图

宝珠屿远眺（叶清　供图）

　　岛旅游的宝贵自然资源。宝珠屿便是其中之一（图21）。

　　宝珠屿正对杏林湾、马銮湾的出口，与集美、杏林、鳌冠及厦门岛的岸线基本等距离。站在这些地方都可以看到宝珠屿巍巍雄姿。1963年，陈嘉庚先生次子陈厥祥先生遵照父亲遗愿，把小岛辟为风景区，并在岛的最高处建一座15米高的花岗岩宝塔，以纪念母亲并寓叶落归根之意。远远望去，宝珠塔与小岛浑然一体，颇为壮观，与集美鳌园遥相辉映。塔内有石梯盘旋而上，沿石阶攀登其上，可以全方位纵览厦门绮丽风光。

　　据道光《厦门志》载："宝珠屿，亦在西北，高浦前海中沙屿也。状如珠，因名。卓竹入丈许，风扬浪淘，沙聚自若。"显然古人完全搞错了。宝珠屿既非"海中沙屿"，也不是"沙聚自若"形成的，宝珠屿完全是一个岩石岛屿。宝珠屿全岛由9200万年前燕山晚期的黑云母二长花岗岩构成，原本与厦门岛及大陆的花岗岩体连在一起，地质构造运动的几组深大断裂，把原来的陆地切割得支离破碎，海浪逐渐把周围破碎的岩石冲走，于是便留下这座孤零零屹立在海中的小岛——宝珠屿。如果登上小岛，还可以发现花岗岩断裂带充填着辉绿岩脉。宝珠屿地貌属海蚀残丘，天长日久的海浪冲蚀，使这里海蚀地貌景观颇为典型。海蚀崖、海蚀洞和海蚀平台十分发育。宝珠屿是研究厦门地区的岩石、构造、地貌十分理想的地质实验室。

宝珠屿的地势由中部高向四周缓倾，最高海拔19.5米。据说它犹如飘浮海面的一颗璀璨宝珠，大陆上的天马山、文圃山等5条山脉像5条蟠龙环绕它，形成五龙夺珠之势，故称宝珠屿。另小岛呈龟形，像只浮于水面的金龟，因此又得名金龟岛。宝珠屿上如今建有码头、灯塔、茶室，是人们海上旅游览胜绝好去处。

宝珠屿海蚀平台（海洋三所 供图）

站在宝珠屿往东北望去，厦门大桥、十里长堤雄伟壮观；注目西边，杏林工业区的建设如火如荼；回首东南，蓬勃发展的湖里工业区、繁忙的东渡港和象屿保税区一派欣

宝珠屿海蚀地貌（海洋三所 供图）

欣向荣的景象尽收眼底；望南面，现代化悬索大桥飞架海湾，连接厦门岛和海沧投资区。环视四周，碧波荡漾，海鸟翱翔，满载货物的巨轮来往穿梭，带各色三角帆的帆板贴着水面乘风飞驰，击起如珠如玉的浪花——构成一幅美不胜收的风景画。

宝珠屿绿荫掩映，倘若炎热的夏日，坐在塔下的绿荫一边品茶赏景，一边倾听海浪拍岸的涛声，享受海面吹来的凉爽清风，别有一番情趣。

海上揽胜独领风骚——猴屿

假如你站在筼筜西堤往西望去，距岸边1400米的海中有一个覆舟形的花岗岩小岛，扼守着鹭江进入西港的航道要冲，这就是猴屿。构成猴屿的花岗岩与鼓浪屿及厦门岛南部的花岗岩同期，属燕山运动晚期厦门地区第一次侵入的中粒花岗闪长岩。经对岩石中黑云母的K—Ar（钾氩）同位素

猴屿远眺（1991年摄 叶清 供图）

年龄测定，距今绝对年龄约 1.13 亿年。

地方志对猴屿均有记载，但介绍十分简单，只有一句话："猴屿，近鼓浪屿。"(《厦门志》)

猴屿标高海拔 20.3 米，属断块高台地。南北长约 200 米，东西宽 80 米，面积约 0.014 平方千米，相当 2 个足球场大小。猴屿花岗岩裸露，第四纪覆盖层（土层）甚薄，因此植被相对周围其他小岛稀少。由于位居航道关键部位，为了便利来往船只航行安全，很早就在猴屿岛的中部建有一座大型灯塔。

看过厦门地图的人会发现，猴屿的地理位置得天独厚，基本是厦门西港海域南半面的中心点，与厦门岛、鼓浪屿和海沧投资区几乎等距离。从鹭江进出的客轮，从西港进出的货轮，都要从猴屿"腋下"通过。千帆竞发，巨轮穿梭，蔚为壮观。眺望厦鼓两岸，繁华街市车水马龙，高楼鳞次栉比。华灯初上，霓虹灯五彩缤纷，奇幻瑰丽，令人心旷神怡。

猴屿在城市规划上位置显要，是一个十分重要的地理标志。鼓浪屿、海沧新市区规划的建筑主轴线和厦门岛新市中心区主轴线，均组织交汇到这里。即鼓浪屿以日光岩—猴屿为轴线，风景旅游建筑规划布局按此轴线基本对称展开。海沧新市区商业中心区轴线直指猴屿，中间留出开阔绿化林荫带，两边建筑基本对称。经国务院和福建省人民政府批准的《厦门市城市总体规划调整方案（1988—2000—2020 年)》明确规定：未来厦门市中心区以"筼筜湖的湖心岛和猴屿的连线为中心轴线，市中心区用地和各项建筑布局基本上依此轴线对称展开"。正因为猴屿在厦门城市规划上举足轻重的地位，规划部门已建议，猴屿"可略加整顿扩大"，重点修建能代表厦门的大型象征性雕塑——海峡女神，让来自世界各国的轮船进入厦门港就看到它的英姿。并规划在猴屿建观海楼、听潮亭等设施，作为海上游览观光线第一个落脚点。海上揽胜，猴屿独领风骚。至于这种美好的愿望能否实现，人们拭目以待。

20 世纪 90 年代，为了架设第三条进岛输电通道，猴屿是设计中的第三输电通道的中转站，竖起一座 140 米高的铁塔，并对猴屿原有地理风貌进行较大破坏。工程完成后，鹭江上空结巨大空中"蛛网"，我们站在标高不足百米的日光岩将看到什么景观呢？作为国家级风景名胜区标志和厦门门户的鹭江风光的魅力丧失殆尽。如果乘船从底下通过，更令人有一种说不出的感觉。1994 年国务院公布第三批重点风景名胜区名单时特别强调："风景名胜资源是不可再生的自然和文化遗产。"所谓"不可再生"，就是一旦

遭受破坏，绝非人力可以复原的。保护厦门地理环境和自然条件优势，这是摆在厦门人以及每个特区建设者面前的严肃课题。

浔江中的乐土——鳄鱼屿

鳄鱼屿，地处同安湾（浔江）内，集美镇东面海中（图22），面积0.149平方千米，呈不规则的三角形。组成鳄鱼屿岩石是中粒黑云母花岗岩，是厦门岩体的延长部分。岛上地形平坦，多由10～20米红土台地组成。北岸海蚀地貌景观多姿多彩，有的似大象，也有的如小兔，还有的像海龟。或站或卧，或驰或步，栩栩如生。更令人惊叹的是，还有一片海蚀景观群，犹如"海洋动物园"，颇似三只"海龟"、"海豹"、"海狮"正在翠绿的红树林水面上游弋嬉戏。鳄鱼屿是观赏海蚀地貌景观好去处。

有活化石之称的文昌鱼，具有较高的科学研究价值，世界上产区不多，厦门鳄鱼屿周围海域原为文昌鱼渔场，面积近20平方千米。1956年，东坑

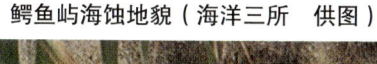

鳄鱼屿海蚀地貌（海洋三所　供图）

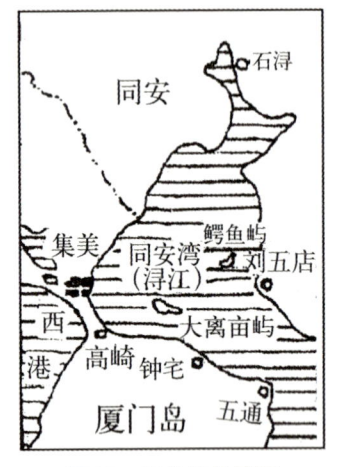

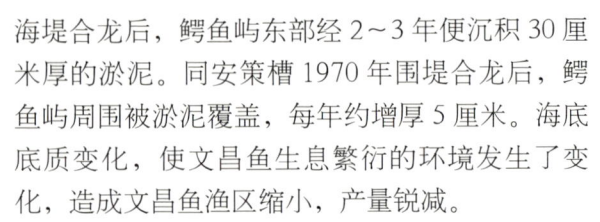

海堤合龙后，鳄鱼屿东部经 2~3 年便沉积 30 厘米厚的淤泥。同安策槽 1970 年围堤合龙后，鳄鱼屿周围被淤泥覆盖，每年约增厚 5 厘米。海底底质变化，使文昌鱼生息繁衍的环境发生了变化，造成文昌鱼渔区缩小，产量锐减。

鳄鱼屿西侧大湾，有宽坦的沙滩，其南、北侧地形突出而阻挡了大风浪直接冲击，是开辟泳场有利条件。另外，鳄鱼屿附近保留厦门难得一见的成片红树林，也是理想的海洋生物养殖场地。开展小岛旅游项目，鳄鱼屿可辟为游人垂钓的场所。

图22 鳄鱼屿位置图

海峡之窗——上屿

上屿，也有资料或地图称为土屿。在厦、金水域交界处，厦门东侧水道中心部位（图23），面积约 0.0062 平方千米，为宝珠屿的 2.3 倍。由于地理位置特殊，备受人们关注。上屿是观看海峡"彼岸"神秘岛屿的窗口，在岛上可以亲自领略大金门岛、小金门岛、大担岛等岛屿的绮丽风光景致。两岸红十字会常把这里当成签署条约、交换罪犯及遣返人员的地方。可以作为系列海岛游中观光休息的停靠站加以开发利用。

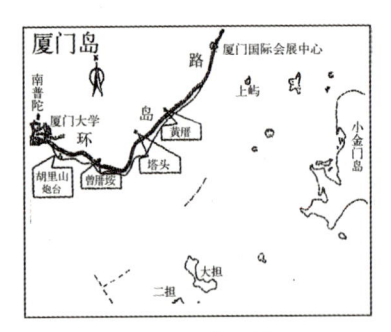

图23 上屿位置图

景色奇特的礁岩

在厦门这幅大山水画中，我们周围还有一系列具有诱人魅力的礁岩。厦门除了有 20 多个无居民小岛外，还有五十几个岩礁，并且成群分布。这些礁群，星罗棋布，水岛相

上屿的远眺（谢在团 供图）

映、妙趣横生、风光旖旎、气候宜人。这些礁群往往也是鱼群栖息地，因此是理想的垂钓场。如鼓浪屿的印斗石，位置很好，近大德记，退潮时涉水可以过去。面积不小，还有一块平台，可以容纳不少游人。

海中的花岗岩虽然坚硬，但受海潮、海浪长期冲蚀后，便形成俊俏、峥嵘、怪异的岩礁，这些近岸岩礁群是厦门十分宝贵的海洋旅游资源。譬如鼓浪屿东南面的鹿礁、章鱼礁、狗头礁、剑石、印斗石以及竖立郑成功塑像的覆鼎岩名闻遐迩。这6块岩礁名字来历均有一段美丽传说。相传郑成功出师台湾之前，清朝派官员奉金印追至岸边欲以高官招安。郑成功愤然把官印扔到大德记附近，并举剑砍下狗官首级，把沾上污血的剑丢到海里，便化成印斗石、狗头礁、剑石等三块礁石。狗官首级落水后引来一群章鱼抢吃，被一头在岸边洗澡的水牛踢了一脚，闹成一团的章鱼被踢滚到轮渡码头附近，化成章鱼礁。水牛因用力过猛踢掉了自己的蹄子，化成牛蹄礁。牛蹄礁便是鹿礁旧称。郑成功为表示破釜沉舟的决心，把海边煮饭的大锅踢

鹿礁（叶清　供图）

印斗石（白桦　供图）　　　　　　　　覆鼎岩（白桦　供图）

翻，化成覆鼎岩。

其实，这6个礁是地质构造运动和海蚀作用的产物。鹿礁、覆鼎岩、剑石、印斗石都是地质构造"切出"的断崖和小块体，然后经过海浪冲蚀、风化剥蚀等作用，成为海蚀崖、海蚀柱和海蚀平台。因此，在这些礁岩的表面除了留下许多海浪冲蚀的凹凸不平的痕迹外，还可以看到岩石与岩石之间相互运动过的构造擦痕。

鹿礁附近一带，厦门人称"六月干"。"六月干"在闽南方言和"六个礁"谐音（干和礁，闽南方言均发da音）。相传300多年前这些礁岩均为暗礁没入海平面以下，有一年六月天大旱，海水干枯，礁石才露出水面。这纯属附会。笔者认为这是第四纪地壳上升运动造成的，不过时间远不止300年，起码几千年至几万年。可以把这些小景点串连起来开发利用。

除了以上介绍的小岛、岩礁外，还有不少近岸岛礁均可开发利用。像西港的红屿（呈屿）、镜台屿、大兔屿等都可以进一步开发利用。厦门市已经出台私人承包开发利用无居民小岛的相关规定，大、小兔屿上已有私人建房筑堤。但是在开发无居民小岛时一定要注意生态保护,保持海岛原有的自然地理风貌,否则会出现猴屿的类似事件。

2004年11月1日《厦门市无居民海岛保护与利用管理办法》(以下简称《办法》)实施。按照《办法》规定:个人可通过招标、拍卖或者其他公平竞争的方式取得经营权来利用无居民海岛。根据《办法》,无居民海岛的利用,分非经营性利用和经营性利用两种情况。管理实行统一规划,综合管理和保护为主、严格限制利用的原则。利用无居民海岛及其周围的资源,应当进行科学论证,采取严格的生态保护措施,不得造成海岛地形、岸礁、植被破坏以及海岛周围海域环境污染或生态环境的损害。

根据《办法》制定宗旨,保护无居民海岛与自然资源和生态环境的重要性永远放在第一位,在此基础上促进无居民海岛的可持续利用。因为无居民海岛是厦门港口城市的重要组成部分,也是海岸防护的天然屏障。但是这些无居民海岛也存在环境条件差、生态环境脆弱等问题,同时还有面积小、淡水资源缺乏等不利条件。《办法》是充分发挥市场机制,实施无居民小岛资源利用和保护的重大决策。既可以更有效利用资源为特区经济发展服务,同时特别强调无居民海岛生态保护的重要性。

绚丽多姿的地貌景观

在厦门旧二十四景中，除"筼筜渔火"外，都分布在厦门岛东南部分花岗岩裸露区，这种景区分布正是与不同的地貌特征相关。

筼筜港—钟宅湾为负地形。以筼筜港—钟宅为界，厦门岛西北部分是以地表出露的火山岩（基底仍是花岗岩）构成，呈浑圆状，坡度较平缓，土层较厚的低丘陵。如狐尾山、仙岳山、仙洞山，地表基本不见水系，也没有形成什么天然胜景。而东南部常见花岗岩基岩裸露，明显受地质构造控制的陡坡尖峰的高丘陵，称之断块侵蚀高丘，如云顶岩、五老峰、西牯岭、洪脊山等，山势雄伟，峭拔高峻。由于还受到其他地质作用影响，造就了千姿百态花岗岩地貌景观。

千姿百态的海蚀地貌

向来以绮丽的自然风光闻名遐迩的厦门，令多少中外游客为之倾倒，而千姿百态的海蚀地貌更为这个海上花园锦上添花。这些海蚀地貌有的似仙人，有的似动物，有的似蘑菇，形态各异，惟妙惟肖。

海蚀又称浪蚀，是携带沙砾的海水、海浪对陆缘岩石产生磨蚀、冲蚀，同时海水对岩石也会产生化学溶蚀作用，即海蚀作用。于是便形成各式各样的海蚀崖、海蚀台、海蚀柱、海蚀洞等海蚀地貌。

凡是到南普陀寺的游客，都乐意去钻"钱孔"，据说能给人带来好运气。鼓浪屿美华海滩西边，有块中间有一溶洞的奇特礁石，传说当年因风

绚丽多姿的地貌景观

金山海蚀地貌（叶清　供图）

浪冲击洞穴发出"咚、咚"酷似敲鼓的声响，便称之"鼓浪石"，小岛因而得名鼓浪屿。"钱孔"和"鼓浪石"都是花岗岩经过海蚀作用创造出的作品，地质学称作海蚀洞（sea care）或海蚀穴。

作为海岛，厦门海蚀地貌比比皆是，日光岩的"仙脚桶"、"仙脚迹"便是海蚀作用的产物。何厝虎仔山的"象石"犹如巨象伸出硕大的鼻子，这是海蚀柱。曾山上的"观音石"和"鹰石"，观音山"石塔"，高刘山天柱、兔仔山趣味盎然的兔形海蚀柱，以及金榜山的金榜钓矶和玉笋石等，或巍峨挺拔，或肖形多姿，都是大自然神奇造化的海蚀地貌。连厦门岛最高峰的云顶岩，同样有海蚀作用创造的奇特景观。

值得一提的是，与日光岩毗邻的鸡母山，一块肖似巨型母鸡的20～30米石崖。高高的头冠，锐利的喙部，凹凸不平的耳鼓清晰可辨。其形其态，威风凛凛，惟妙惟肖，栩栩如生。配以蓝天白云，绿树碧草，景色十分壮观。近年来已经以巨石为主体开辟为鸡山公园。当人们为它秀丽飘逸的丰姿天韵所陶醉时，谁又会想到鸡母山这只巨型"母鸡"竟是

【109】

花岗岩形成的海蚀崖。

千姿百态的海蚀地貌，为厦门山水增添几分媚态。或许有人会疑问，海蚀地貌既然是海浪造就的，今天的鸡母山海拔66.1米，距海边近1000米，无论如何海浪打不到，更不用说厦门岛最高峰云顶岩。其实这都是地壳上升的结果，使原来岸边的岩石逐渐离开海面到达今天这个位置。海蚀地貌不仅向我们展示赏心悦目的自然风光，还向我们提供厦门沧桑变化的证据。

南普陀的"钱孔石"

南普陀寺前，有块有洞的岩石，高约二米半。底部埋在土中，腹部有个长宽约半米的圆孔，孔状如铜钱，俗名"钱孔石"。过去传说，人若能从圆孔钻过，便可发财致富。这块有洞的石头，地球科学称为"海蚀洞"，它是厦门地区地壳运动及地理环境变迁的实物见证。

多少年来，闽南民间就流传着"沉东京，浮福建"的说法，《山海经》也有"闽在海中"的记载。据说千万年以前，福建许多地方还沉浸在海涛之中，而它的东面却有块叫"东京"的陆地。后来由于地壳运动，"东京"陷入海底，福建反而浮出海面。虽然这种说法与科学真相有一定距离，但据考察，闽南滨海从惠安至诏安曾先后发现残存的"东京大路"或"往东京大路"石刻有19处，石刻处或有入海的石砌斜道，在漳浦古雷城堡也刻有"东京大路"。同时，闽南乃至粤东潮汕以东海域常捞起人类活动遗物陶片、瓦片、石臼等物，这

南普陀的"钱孔石"（叶清 供图）

就使"沉东京"的说法更凿凿有据。

　　作者从事地球科学工作40年，通过野外考察以及阅读了一些闽南史学资料，对晚近地质时期闽、台古地理环境有深入了解，使我对"沉东京"的说法渐渐有所认识。那么"沉东京"是怎么回事？"东京"在哪里？

　　"东京"，自然不可能是指日本今天的首都东京，因为日本是1868年才把江户更名为东京的，而闽南早有"东京大路"的石刻了。史学家对"东京"之说持有不同看法，陈允敦教授认为东京指北宋都城汴京（开封），因为"东京大路"石刻多面向海洋，分明昭示沿海上丝绸之路来华的阿拉伯、波斯商船前往开封或内地的路标。韩振华教授认为"东京"应在台湾，如果路标石刻是为商船指示去开封的路，应出现在当时政治经济中心和交通枢纽的泉州才有意义，而不应多出现于偏僻的小港澳。同时，刻有"东京大路"的古雷城堡建于明初，再标明往宋代都城的路标已毫无意义。根据郑氏政权的户部官杨英《从征实录》记载：郑成功收复台湾后，"改赤嵌地方为东都明京，设一府一县"。清政府自康熙二十三年（1684年）到光绪元年（1875年），下令禁止大陆人偷渡去台湾，"东京大路"石刻可能隐指渡台地点的标志作用。还有些学者认为，南宋王朝最终覆没于海洋的历史事实，可能被附会与"沉东京"传说有关。

　　我们姑且不考释"沉东京"传说的真伪，事实上台湾海峡也没有沉没的"东京"城。然而从地球科学和史学考古的角度来说，闽南以东部分海域历史上确实曾是人类活动的陆地。台湾海峡的海底地形显示，从东山岛东南至澎湖列岛、台湾岛南部，存在宽100千米的浅滩，水深多在10米左右，最深不过40米。据地质考察，这浅滩在距今70000—50000年前是露出水面的，成为福建大陆到台湾岛的陆路通道，地学上称之"东山陆桥"。1968年、1970年台湾先后在台东、台南发现距今 30000—20000 年前的早期人类遗迹，即"长滨文化"和"左镇人"。经研究，台湾的"左镇人"与 1987 年东山岛东南海域发现的"东山人"体质特征相同，同属于旧石器时代华南地区的晚期智人。这就说明，原始人类正是经过东山陆桥跨越海峡到台湾岛，成为那里最早的居民。

近 20 年，大陆渔民在陆桥西侧大兄弟屿海域打捞大量哺乳动物（熊、象、犀、猪、水牛、水鹿、梅花鹿等）化石，台湾渔民也在陆桥东侧的澎湖列岛海底发现大量的亚洲象、古菱齿象、德氏水牛、普氏野马、水鹿等古动物化石。而这些动物原本生活在陆地，也不是死后被水流冲运到海里，是死后在原生活地被埋葬。这表明距今约 30000—10000 年的第四纪晚期，正值庐山冰期气候变冷，海水再度大幅度下降，连接台湾与大陆的东山陆桥又一次露出水面，人类和动物可以沿陆桥自由迁移。这就是"沉东京，浮福建"的科学真相，是地壳运动形象通俗的说法。

南普陀寺前这块"钱孔石"正是这种地壳运动实物见证，它原是海边一块礁石，在长期海水冲击侵蚀下，形成了一个"海蚀洞"——这就是我们今天看到的离开海岸约 1000 米的"钱孔"。此外，厦门大学附近两旁山坡的石头上，也还保存着许多海浪冲刷的痕迹，甚至有的还附着古牡蛎壳。这些都是厦门海岸局部上升的历史见证。

鼓浪屿的发祥地——鼓浪石

美华沙滩的西端有一块奇特的礁岩。它的中间有容一人穿行的溶洞。从外表看，这块礁岩貌不惊人，花岗岩遭强风化剥蚀浑身伤痕累累，以往到这里游玩的人也很少注意它。20 世纪 90 年代，原鼓浪屿区政府在其旁树碑及立中英文说明牌才逐渐为人们所了解。然而就是这块再普通不过的礁岩却维系着鼓浪屿名字的由来，这就是名闻遐迩的鼓浪石。

鼓浪屿宋元以前称为"圆沙洲"，或"圆洲仔"，到明朝才改名为鼓浪屿。这里原先是个岩石嵯峨、杂树丛生、荒无人烟的地方。元末明初，一批内地渔民出海途中，因遇风暴，在

绚丽多姿的地貌景观

此舍舟上岸，定居岛上，荒岛始得开发。据说最早定居的是大陆李姓族人，聚居地便称为李厝沃。因闽南方言"李"与"内"同音，演变为今日鼓浪屿的内厝沃。

在鼓浪屿西南部的美华海滩，濒海有一块礁石，高约六七米，中部被海浪冲蚀成如门状的一个大洞，人可穿行其间。每当风浪冲击这块有洞穴的礁岩时，便发出酷似敲鼓的声响，因此这块礁岩便被称为"鼓浪石"，小岛也更名为鼓浪屿。日光岩莲花庵石洞中有一副明代石刻对联："浪击龙宫鼓，风敲梵刹钟。"署款作者为镇海将军。对联中的"浪击龙宫鼓"便是指鼓浪石。1912年美国传教士彼策（Philip Wilson Pitcher）的《In and about Amoy》一书是最先记载海浪击洞，发出奇异的涛声如鼓，遂有鼓浪屿的岛名这件事。这一段富有诗意的传说记载，引人入胜。其实鼓浪石只不过是花岗岩经海蚀作用创造出来的作品，地质学称作海蚀洞，亦称海蚀穴。

鼓浪石（白桦 供图）

风情妩媚的鸡母山（石）

和日光岩毗邻有块高 20～30 米的巨石，远远望去犹如一只护卫小鸡的巨型母鸡，昂起头警惕地注视着天敌。那高高的头冠，锐利的喙部，凹凸不平的耳鼓，都清晰可辨。其形其态，威风凛凛，惟妙惟肖，栩栩如生。配以蓝天白云，碧草绿树，景色十分壮观。这就是鼓浪屿的鸡母山。

民间亦传衍了不少有关传说，俱与母鸡相关。抗日战争期间诗人李禧先生曾避居石下数年，感时伤世，写有《鸡母石》一诗，悱恻动人。而今一石巍然与日光岩相对，满山相思树掩映石下参差错落的楼房，鸟语花香，琴韵书声，自是鼓浪屿一佳景。

鸡母山其实是由花岗岩形成的海蚀崖，花岗岩受到构造运动的破坏，形成许多直立的裂隙、节理，在漫长的地质年代又遭受风化剥蚀，以及海浪、海流、潮汐不停息地冲刷和侵蚀，逐渐雕琢而成今天这个模样。岩壁上的构造擦痕清晰可见，耳鼓部位实为海蚀作用留下的痕迹。为什么海边的岩石会"跑"到离岸几百米的高地呢？这是地壳上

鸡母山（叶清 供图）

绚丽多姿的地貌景观

升运动的结果，使原来海边的岩石逐渐离开岸线达到今天海拔66.1米的高度。山不在高，美在其绝。鸡母山以它恢宏的气势，妩媚的风情令人叹为观止。它那秀丽飘逸的风姿配以清新、恬静、幽雅的环境，令每个游人心醉神迷。

充满神奇色彩的鼓浪屿"六个礁"

鼓浪屿"六个礁"分别是印斗石、覆鼎岩、剑石、鹿礁、章鱼礁和狗头礁。笔者在前面"景色奇特的礁石"中已经简单介绍过。据《厦门志》载：鼓浪屿"左有剑石、印石浮海面，下有鹿耳礁、燕尾礁"。"印石"即今之"印斗石"。其实这六个礁都是地质构造运动和海蚀作用的产物，今天竖立郑成功塑像的覆鼎岩就是海蚀崖，剑石就是海蚀柱，印斗石就是海蚀台。

鼓浪屿不少地名与一些石头有关，如晃岩路、鸡山路、鹿礁路分别因日光岩（晃岩）、鸡母山、鹿礁得名。形态各异的礁岩是鼓浪屿一道靓丽的风景线。这些礁岩，肖形奇特，惟妙惟肖。又有波涛击石，浪花飞溅，海鸥翱翔。妙趣横生，韵味无穷，具有诱人的魅力，是不可多得的海洋旅游资源。

如鹿礁路口的岸边一块礁石，形如一头远行的骆驼，也许是"骆"与"鹿"谐音，它被称为鹿礁或鹿耳礁。大德记附近的印斗石，其名与郑成功的传说有关，据说是郑成功扔掉的官印化成的。但是人们却发现，远远望去，印斗石活脱脱象一只海面上的卧狮。

"金靴托天"托起金山半壁山水

说起厦门新二十名景，人们都知道在环岛路上的"金山松石"景区（台湾民俗村）颇负盛名。巨岩怪石，千姿百态，林木苍翠，松声涛涛。金山可以说是一步一景，目不暇接，令人留恋忘返。金山景区最难得的是汇集各种花岗岩风景地貌，有妙趣横生的石蛋地貌，壁立千仞的构造——风化剥蚀地貌，还有各种奇形怪状的海蚀地貌。

当我们跨进台湾民俗村（景州乐园）的大门，步入"金山地质公园"区，一眼就看见天造地设的一只巨靴擎托苍天，真是形象逼真，惟妙惟肖。这就是金山著名的"金靴托天"景点。在这只巨大靴子上，我们看到往昔

金榜山"半亭水石"景点（叶清 供图）

岁月留下的海蚀痕迹。大自然巧制的这一石景，其实是一种叫海蚀柱的地貌景观。

除了"金靴托天"，金山风景区还有"圣手春晖"、"龙首潮音"、"金山猿人"，这些景点的命名十分形象，令人赏心悦目，拍手叫绝，它们都是海蚀地貌的精品。金山海蚀地貌景观不仅景致独特，极富观赏价值，犹如一批精美绝伦的艺术珍品，同时还蕴涵十分丰富的自然科学奥秘。山岩多胜概，金山独称奇。大自然为厦门留下这片灵秀绚丽的山水胜景，是我们宝贵的财富。海蚀地貌使鹭岛山水分外娇娆。

海蚀公园金榜山

金榜公园是厦门近年来开发最成功的风景游览区之一，主要依托金榜山天然的奇岩怪石景观。金榜山现在虽然位处市区，但原来是濒临筼筜港的，海水溅击，海浪拍岸而起，因此处处留下海蚀作用痕迹。如著名的"金榜钓矶"、巍峨擎天的"玉笏"石以及公园最主要景点的"半亭水石",都表现出典型的海蚀地貌特征。

金榜山麓有一处有名景点称为"金榜钓矶",是厦门小八景之一。矶者,是水边突出的小石山也。相传是怀才不遇,隐居于此的唐朝文人陈黯垂钓的地方。地质勘探证实,历史上金榜山确确实实濒临筼筜港。南宋著名理学家朱熹曾有诗题金榜山:

陈场老子读书处,金榜山前石室中。
人去石存犹昨日,莺啼花落几春风。
藏修洞口云空集,舒啸岩幽草自茸。
应喜斯文今不泯,紫阳秉笔记前功。

清厦门名士黄莲士《金榜山怀古》曰:

书声久歇讲堂空,访古寻幽到此中。
石洞埋云留旧迹,钓台临海忆高风。
诗搜峭壁苔侵字,草没荒基月泣虫。
试问当时征聘出,几人令闻得无穷?

据《厦门志》载:

金榜山,在洪济山西南。山黄色,如列榜,因名。一名场老山。唐文士陈黯累举不第,隐于场老山。山上有石刻"迎仙"二字。筑楼其上,名"迎仙楼",今架梁之坎犹存。当时书堂有新罗松二本。堂侧石壁高十六丈,名玉笏。又有石镌"谈元石"三字,俱相传为朱子书。临海有石,俗呼"鹰搏兔石",黯钓矶也。今筑埭,矶在田中。又有动石、浮沉石。

金榜钓矶(叶清 供图)

玉笏石(叶清 供图)

厦门文史丛书

厦 | 门 | 绮 | 丽 | 山 | 水

陈黯石室（叶清　供图）

　　金榜山，以其层峦叠嶂为屏，奇岩、古木、青山流水做衬。除了有流水鸟鸣、花香飘逸、满目葱茏的美丽南国风光特色外，金榜山景区还有以嶙峋的奇岩怪石作为风光主调，吸引游人纷至沓来。这里虽位居闹市，但环境僻静、优雅，成为厦门最受欢迎的地方，到这里听百鸟啼鸣，观石刻苍岩，闻清新花香，最是爽朗惬意。因此，每天到金榜公园品茗、会友、晨练、举办各类活动的人不计其数。

　　金榜山位处筼筜港南岸，与厦门岛东南部大多数地区一样，是由花岗岩体构成的。从"金榜钓矶"人们很自然想到了金榜山历史上是濒临大海（筼筜港），那时海水溅击，拍岸而起。而今天金榜山距筼筜湖起码在1300米以外，历史上的"金榜钓矶"也早淹没在高楼广厦之中。这除了有人工填海造陆的因素外，地壳的上升运动也是重要原因之一。笔者从对金榜山花岗岩地貌考察中发现，金榜山地貌成因中有二种地质作用占主导，一是构造——风化剥蚀地貌，

绚丽多姿的地貌景观

其二便是海蚀地貌。

"陈黯隐居石室"传说是唐朝名士陈黯经18次科举，却次次名落孙山，便心灰意懒，遂遁入金榜山中辟筑石室隐居。其实该石室绝非人工可以所为，不要说1000年前没有先进的提升设备把数千吨重的巨石举起来，即使技术先进的今天也不容易达到。石室乃是花岗岩经构造运动破碎后，风化剥蚀作用产生的巨石叠合而成的，属于石蛋地貌。还有屹立在山顶上那块气势雄伟、巍峨擎天的"玉笏"石，也是花岗岩体经构造劈理和节理的砍劈后，外表破碎的石块重力崩落并经过海蚀作用，便形成这一巍峨云表的玉笏石，甚为壮观。

我们在金榜公园随处都可以看到地质时期海水、海浪冲刷和侵蚀的痕迹。可以说，金榜公园实际是海蚀作用创造的自然景观。现在作为金榜公园最主要景点的"半亭水石"和新"金榜钓矶"，原是两个毗邻的大石窟窿。这两个石塘的形成，都表现出典型的海蚀地貌特征，它们是经过漫长地质年代由海浪雕塑出来的。同时，石塘周边的磐石崖壁上，我们同样可以看到明显的海蚀浪迹。这都说明，在历史上海水确实侵漫到这个高度。

海蚀地貌无处不在

厦门的海蚀地貌景观分布较广，不仅厦门岛的海岸地带及附近小岛上比比皆是，即使是本岛腹地的西林、东山水库等处以及海拔300

小兔屿海蚀地貌（海洋三所　供图）　　　环岛路海蚀地貌（叶清　供图）

曾山上的"观音石"（叶清 供图）

白鹿洞寺的"海豹石"（叶清 供图）

多米的云顶岩上，也都可以看到这种奇特的景观。厦门一些海蚀地貌特别以其楚楚动人的风姿和非凡的魅力，吸引着人们去领略大自然的诗情画意。如鸡屿海蚀地貌随处可见，有情人礁、骆驼礁、龙头礁，等等，尤其一处鸡形海蚀柱更令人叫绝。在标高300多米的云顶岩有蜂巢状海蚀痕迹，还有兔仔山有兔形海蚀柱，高刘山有很传神的仙柱石，何厝虎仔山的"象石"犹如巨象伸出硕大的鼻子，海沧水头人形海蚀柱，等等，肖形多姿，趣味盎然。厦门的海蚀地貌实在太多了，到处可见。倘若沿环岛路，我们坐车从胡里山炮台到椰风寨，一路上都可以观赏到山上不少奇形怪石：曾山的"老鹰石"、"观音石"、"豹石"，高刘山的石塔、擎天柱，等等，掩映在绿树丛荫中，相映成趣。

　　可惜有一部分海蚀地貌景观由于种种原因已不复存在，不少景观具有丰富的文化内涵。如蜂巢山前"海中有玉沙如带，若隐若现，沙长数百丈……上有七星石"（《厦门志·山川》），现已无迹可寻。另一处七星石，在鼓浪屿乌埭路，明末追随郑成功抗清的浙东名士陈士京曾隐居于此，筑有"鹿石山房"，现已荡然无存。思明南路一侧的"青墓顶"，原有突兀的奇石称为"石烛",该景被称作"耸天石烛",现已剩空名。官荣石,在塔头社不远,巨石耸天,刻有"官荣"二字。据说是陆秀夫所写,十几年前筑环岛路时,该石被毁。

修筑环岛路前,白石炮台附近是海蚀地貌最发育、最典型的地方,无论山上(曾山)或海滨,无处不见。笔者每年都要带中小学生到这里考察及现场上课。由于这里是军事禁区,普通市民很少涉足,对这里的海蚀地貌景观认识不多。修筑环岛路时,滨海部分的海蚀地貌都被毁掉实为可惜。但是原先藏在深山无人识的景观却让人们广泛了解,拜访者、考察者纷至沓来。如曾山上的"鹰石"、"观音石"、"熊猫石"经新闻媒体大肆介绍,已经是名声远播。

厦门不少海蚀地貌景观尚处在未开发的状态,如果合理开发利用,是厦门发展观光旅游、科普旅游一笔丰富资源。可以借鉴景州乐园总经理黄景山先生开发金山风景地貌景观的成功经验,把那些淹没在荒山碎石、泥土中的景观石头清理出来,才有了今天的"金靴托天"、"磊石擎天"、"蟠桃献瑞"、"圣手春晖"等景点。

海蚀地貌的成因及意义

厦门岛、鼓浪屿以及周边小岛四面环海,由于潮汐、波浪、海流等海洋动力的影响,海岸边的岩石成年累月遭受带沙砾的海水冲刷、磨蚀、擦蚀,加上海水里所含的盐类矿物质对岩石也有溶蚀作用,便使岩石千疮百孔,形成千姿百态的奇形怪状。这种现象地质学称为海蚀作用,海蚀也称浪蚀。海蚀作用属外营力,就出现了我们在厦门到处都可以看到的绚丽多姿的海蚀地貌景观。

海蚀地貌是海岸的岩石受到海水、海浪作用形成的。可是现在的金山景区海拔黄海高程100~200米,距离大海超过1000米,而南普陀的"钱孔"石离大海也有1000多米远。今天的金榜公园在闹市区,也听不到海潮、海浪声音了。这固然有人为填海造陆的因素,也有地壳上升的原因。而鼓浪屿的鸡母山不仅距海边有800米,高度达海拔66.1米,今天的海浪无论如何打不到的。环岛路山上的"鹰石"、"观音石"也是一样。更不用说日光岩上的"仙脚桶"、"仙脚迹",以及海拔300多米云顶岩上的"蜂巢"海蚀洞今天不可能被海水淹没。这说明在漫长的地质年代,厦门许多地方地壳上升,沧海变桑田,海岸边的岩石逐渐成为内陆高山之巅。海蚀地貌正是见证厦门这种地理环境变迁的最有力实物证据。

风情万种的石蛋地貌

厦门岛东南部大面积出露花岗岩基岩，由花岗岩形成一大批山势雄伟的高丘陵，如云顶岩、西牯岭、五老峰、洪脊山、金山寨山。花岗岩是岩浆在地下慢慢冷却凝固而成的岩石，是由于构造运动，地壳上升，才从地下升上来露出地表的。由于地壳运动以及风化剥蚀作用，形成花岗岩地区特殊的风景地貌——石蛋地貌。

石蛋地貌（Pebbly Landform）是厦门岛最常见的地貌景观。无论是著名的万石岩和虎溪岩风景区奇巧的"石笑"、"万石朝天"、"中岩玉笏"、"棱层"石，还是金山风景区的危如累卵的"磊石摩天"，稳如泰山的"观音驯猴"，肖形奇绝的"灵鳌探海"，还有"金山石谷"、"海誓山盟"、"沧海云石"、"高山景行"、"蟠桃洞"等景点，无不表现出石蛋地貌的气势磅礴、恢宏壮观。无论山巅或谷底，万石累累，横竖倾欹，相倚重叠，奇景天成，绚丽多姿，出奇入胜，令人叹为观止，构成了一幅厦门美轮美奂的立体风景画。

石蛋地貌是花岗岩地区特殊的风化地貌之一。石蛋者，乃滚石也。花岗岩在岩浆冷凝过程以及后期的构造运动，都会使岩石产生各个方向的构造节理和裂隙，从而把岩体分割成大小不等的块体。由于水、空气及各种微生物长期侵蚀作用，产生由表及里，层层分化剥离，形成无数大小滚石（石蛋）。这种作用称为球状风化（Spheroidai weathering）。在重力作用下，石蛋从山顶、山坡滚落下来，堆放在山麓或谷底，从而构成石蛋地形。

万石岩的魅力

作为国家5A级风景名胜区的万石岩游览区，其魅力来自天生丽质的自然景观底色，这就是举世闻名的石蛋地貌。没有人工雕琢的痕迹，奇景天成。在《地质辞典》"石蛋地形"辞条中注明："厦门的万石崖（应是"岩"的笔误）就是这种地形。"说明万石岩的石蛋地貌最发育，是这种地貌的代表地区。

万石岩最壮观的莫过于万石林立，绮丽多姿。万石岩漫山皆石，这些岩石崭露于绿树丛中，各自展现出不同的姿态：或前倾，或后仰，或相叠，或互倚。不少岩石形肖神似，拟人拟物。如太平岩的"石笑"，四块滚石相叠形成像人张开笑口，"象鼻峰"酷似巨象的长鼻。除此之外，有的像慈眉善目的老翁，朝拜天子的玉笏，有的似钟、似磐、似屏……大自然为我们雕琢了这些形形色色的奇岩怪石。

万石岩游览区不仅石奇闻名遐迩，而且山水旖旎，风光清丽，到处水声淙淙，泉流如练，好一派世外桃源境界。泉流逶迤，穿行幽谷。幽谷上，岩石掩覆。谷底或成石洞，或为浅滩，深邃神秘。其中有个稍为宽敞的谷底石洞，是个好玩的去处，古人誉之"小桃源"。明代张瑞图在石上镌刻"渔问"二字，取意于陶渊明《桃花源记》中渔父问津的故事。这里，真是"一泓清浅沙为路，万窍玲珑石作天"。

万石岩游览区岩奇石怪，洞幽泉清，到处波光潋滟，姹紫嫣红。山容水态，生机勃勃，倍加妩媚。清代名士黄莲士这样赞颂万石岩的："山以石为胜，岩以水更奇。"而现代厦门书法大师罗丹先生描绘万石岩更显大气："万石嵯峨海上山，横空耸翠出人寰。高盘绝顶峰千仞，俯视雄城水一湾。"

山泉流出"小桃源"，即成一条清碧的溪涧，俗称"水磨坑溪"。溪畔有一巨石，上刻"锁云"二字。"锁云"石刻处，乃是郑成功刺杀郑联的地方。揣摩其意，似乎是说上面万石耸天，流云至此便停滞不前，被"锁"住了。也有人说是每当天气阴晦的时候，云雾低迷，凝聚于峭岩之间，"锁"了山谷。因此，万石岩一景，除了有"万石朝天"之称以外，又有"万石锁云"的别号。

介绍万石岩游览区石蛋地貌时，不能不提到几处出彩的景点，如太平岩的"石笑"。石笑在太平岩前，由四块大小不等的巨石相叠而成，形态很像是人张开笑口，于是取名为"石笑"。其所在太平岩也因之称为"太平石笑"，为厦门小八景点之一，为万石岩园区内最优美的景观之一。雍正年间名士郑联生题了这样一首诗：

忽见石开口，不闻石有声。夜因吞月色，朝为吐云情。
饮露千年饱，餐风一味清。太平真好景，长笑息兵征。

"中岩玉笏"也是颇受游人青睐的地方。中岩与万石岩毗邻，因为这里常有鹧鸪栖息，中岩因此又有"鹧鸪岩"之称。中岩天竺寺中有一块独立的大石头，竖着看去颇像大臣的奏板，人们将这块石头称为"玉笏石"，中岩玉笏因此得名，也是厦门"小八景"之一。

万石岩游览区有许多天然岩洞，或幽邃深奥，直穿山腹，入洞如入仙境，是万石岩风景重要组成部分。单太平山就有形态各异的石洞达36处，如中岩的玉泉洞，醉仙岩的长啸洞，高读岩的琴洞，还有万石岩的小桃源。尤其是万石岩万石莲寺前的小桃源更负盛名，这里巨石堆叠成许多岩洞，超凡清幽，岩石掩覆，流水潺潺，清爽惬人。前人是这样描写它的："穿石穴孔，流水潺潺，纡回屈曲，万窍玲珑。时露天光，平处宜偃卧，广处宜置食，榻幽处宜趺坐，洿处宜濯足，高处宜挺身直立，低处宜鞠躬绕行，往复约里许。""夏日坐此，凉生两腋间，不知暑气何往。"由于天然的石壁岩间，为名士大家题诗镌刻提供良好条件，这里建了碑林，集名家作品，成为厦门一人文景观。

金山的石蛋地貌

有人说，倘若从空中鸟瞰环岛路，整个金山景区犹如一座天然的、精制的巨型山水盆景，是环岛路最耀眼、最出彩的地方。金山景区是万石岩以外厦门另一处石蛋风景地貌最发育、最典型的地区。金山石蛋地貌一点不比万石岩逊色。山上山下，巨岩怪石，气韵生动，石浪排天，千姿百态，气象万千。无论危如累卵的"磊石摩天"，稳如泰山的"观音驯猴"，肖形奇绝的"灵鳌探海"，还是"金山石谷"、"海誓山盟"、"沧海云石"、"高山景行"、"石谷精舍"和"蟠桃献瑞"（"蟠桃洞"）等景点，无不表现出石蛋地貌的粗犷豪放和气势磅礴。

当你步入金山景区，犹如进入一个神奇的石海洋。眼前豁然开朗，崖岩峰峦，千岩竞秀，万石争雄。纷至沓来的游人，穿石谷，钻石洞，入石室，探石穴，越石涧，都会令人乐此不疲。

金山也有许多巨石垒筑的岩洞。金山原有民族英雄郑成功构筑的军事要塞——金山寨，一些岩洞长年泉水清澈甘醇，长流不涸。据说当年郑军便以这些岩洞泉水作为饮用水，其中最有名的就是"蟠云洞"。山下的"蟠桃洞"，也是巨石垒筑而成。那巨石远远望去犹如几颗巨大仙桃，肖形称绝，故景点命名为"蟠桃献瑞"。现在这已辟成供人休憩的花园，到处绿树葱郁，花木茂盛，真是人间仙境。

山上的"磊石摩天"，三四块滚石巧妙垒叠，并且有一股清泉自上而下，形成一道珠帘叠瀑，飞溅起无数矶珠，美轮美奂。还有"海誓山盟"，则稳如磐石，"金山石谷"、"高山景行"之大气，"石谷精舍"之幽深，都令人叹为观止。

神秘的虎溪岩

在厦门的旧二十四景之中，与万石岩毗邻的虎溪岩更是蒙着一层神秘的面纱。"虎溪夜月"奇景不是随时随地可以领略，风高月夜，万石峥嵘，洞穴玲珑，虎影摇曳，空山幽谷，几分神奇，几分诡秘，妙不可言。它的形成不仅与天时有关，同时还与所处地理位置、地貌特征密不可分。

据《厦门志》载：

虎溪岩，一名玉屏山，在城东二里有奇。有棱层洞，洞后名"一线天"（构造地貌）。北转为石厂，匝以石阑。石上镌"摹天"二字，山门巨石镌"先露一芽"四字。

虎溪岩寺景观（叶清 供图）

厦门文史丛书

厦｜门｜绮｜丽｜山｜水

虎溪岩是太平山和外清山之间的山谷，是典型的花岗岩构造沟谷。与河流水系的冲沟较开阔、平坦不同，构造沟谷比较陡峭、幽深。虎溪岩与万石岩毗邻，因此石蛋地貌也十分发育，山坡、山谷巨石累累，大若虎踞，小如羊蹲，形态各异。

虎溪岩名字的来历与山谷中一个大石穴有关，传说古时候此洞为老虎占据，称为虎洞，洞中流出清泉成溪，名虎溪，此处便叫虎溪岩。依《厦门志》载，这个洞是明朝万历年间厦门人林懋时依照天然加以开拓而成，名"棱层洞"。由于洞位居两块高达20多米巨石之间，整个形成如猛虎张口之势，称之虎石。为了防止游人从洞口坠入溪涧，在洞口筑石栏，恰似虎牙，古榕须根蟠绕虎牙宛若虎，因此这个洞又名"虎牙洞"。洞在峡谷中，头顶一线天。虎溪岩景致独特，引人入胜，历代文人留下吟咏的诗赋不计其数。如池显方在《游虎溪岩》诗云：

一线天（叶清　供图）

松间长榕各屈蟠，诸峰起伏复多端。
过溪何止三人笑，入洞方知六月寒。
杯影频移依怪石，夕阳更爱倚阑干。
几回餐得天风惯，凡骨还应长羽翰。

白鹿洞寺景观（叶清　供图）

  每当月出东山，月光投射到巨石上，犹如蠢蠢欲动的猛虎身影。尤其是月光透过树叶，光柱筛到虎石，那驳驳光斑更像是虎皮，清风徐来，叶影微拂，犹如虎背摇动一般，惟妙惟肖。尤其中秋之夜，景色绝佳，在此赏月，别有风味。因此每年中秋，厦门市均组织各界人士到虎溪岩观景赏月。届时，一轮明月被群山捧上一碧遥天，蹒跚天际，晶莹皎洁，使人如见素娥婵娟，眉清目秀。而清风如水，月色如霜，境界高远，又使人们仿佛来到仙山琼阁。

  虎溪胜景的地理环境是地质作用造就的，奇险天成绝非人工可以塑造。在景中充当主角的虎石，也是地质构造和球状风化的共同产物。其次，虎溪岩偏于城区一隅，山谷幽深，生态环境保持极好（以前是军事禁区，常人少涉足）。这里清幽绝俗，松林蓊郁，古榕森森，藤萝摇缀，因此才有如此胜景。随着经济大潮的冲击，一些人工建筑以及商住大楼在景区里兴建，大自然赏赐给我们的这种人间美景还能维持多久呢？

"白鹿含烟"的地理环境

  白鹿洞与虎溪岩相连，有山径可通，明代合而为一。因此，在清道光《厦门志》里，都放在"虎溪岩"条目一并介绍。白鹿洞寺附近石蛋地貌也是十分发育，如"六合洞"就是六块巨大滚石叠合而成。这里峭壁若嶂，岩洞深邃，巨岩怪石遍山坡。笔者曾到白鹿洞考察，发现不少岩石肖形独特，其中有一处颇似一只狰狞的"海豹"，我称之"海豹石"，拍摄下来发表在《厦门日报》上，引起不少读者的兴趣。

外清山是与鸿山相邻的小山峰，往北延伸一小山脊至虎园路，成为厦门主要风景区之一。山脊的东侧就是著名的虎溪岩，西侧山腰有著名的白鹿洞和白鹿寺。据说明清时在此供祀理学家朱熹，并仿照朱熹在庐山讲学的白鹿洞，把附近山洞"宛在洞"取名"白鹿洞"，泥塑白鹿一匹。同时，还修建殿宇僧舍、山亭，这就是白鹿寺。这里最著名的景观就是"白鹿含烟"。

每当晨曦初现，白鹿寺附近云雾缭绕，宛在洞内烟雾腾涌，仿佛是从洞中的白鹿口中吐出一般。"山在虚无缥缈间"，充满诗情画意。厦门人称之"白鹿含烟"，列二十四景之"小八景"。

为什么当时的白鹿洞会有如此奇妙的自然景观呢？这种奇异自然现象与地理环境、地貌特征有关。"白鹿含烟"的产生，"是白鹿洞地处山腰，崩崖绝壑间竹林环翠，藤萝摇缀，流水溅激，湿度大，山岚雾气，凝聚不

"白鹿含烟"（叶清　供图）

六合洞（叶清　供图）

鸿山公园（叶清　供图）

散"。

其一，白鹿洞原处厦门岛僻静之处，环境幽雅，植被繁茂，明代万历年间的名士翁起龙在描写这一带自然环境时写道："曳屐登仙境，扳萝上绝巅。松高盘野鹤，风厚舞孤烟。云拥道中锦，岩飞石下泉。"说明以前这一带生态环境极好。

其二，外清山是蕴藏泉水丰富的山脉，因此无论虎溪岩或白鹿洞附近的山麓、岩壑常有泉水流出。白鹿洞附近有一名泉"石泉"，白鹿洞岩壑中还有一股泉水潺潺流出，并引入洞前半月池中，人们称为"龙泉"，又名"琮琮泉"。岚者，山林中的雾气也。山岚产生必须有流水和植被，这一带原来流水溅激，植被茂盛，山峦湿度较大，具备产生山岚的先决条件。

其三，白鹿洞地处外清山和鸿山的山坳，受鸿山阻挡南面吹来的海风影响，形成的山岚雾气不易受破坏，故才有"白鹿含烟"的奇观出现。

今天的"白鹿含烟"风光不再，其原因就是这一带的自然地理环境受到严重破坏。在经济大潮中，这里除了林立的高楼外，再也看不到岩壑间的蜿蜒清流，听不到淙淙泉水声，"龙泉"、"石泉"基本断流。

"鸿山织雨"旧景（叶清　供图）

鸿山为何能织雨？

　　思明南路的鸿山，海拔高仅99.2米，在厦门岛众多峰峦中并不起眼。但是山不在高，奇绝则名。山巅不仅保存有郑成功当年的主要兵寨"嘉兴寨"和记载厦门军民在明朝天启二年（1622年）英勇抗击荷兰殖民者的"攻剿红夷"摩崖石刻，而且在山腰有一处胜景——鸿山织雨。每当下雨，受到山风海风影响，此处雨乘风势，雨丝相互交错，成纤织纹，成为厦门大八景之一。清朝诗人蒋国梁有诗曰："两山相夹势斜欹，来往纷纷客路岐。风雨骤来南又北，宛然织女弄机丝。"

嘉兴寨旧址（叶清　供图）

据《厦门志》载：

鸿山，在城东南里许。上有石寨遗址，石刻"嘉兴寨"三字。中一大罅，名"龙喉"，深不可测。相传昔人避乱处。山腰缺处为镇南关，山麓为鸿山寺。嘉禾八景"鸿山织雨"是也。

《厦门志》已经十分清楚阐述了"鸿山织雨"的地理环境特征。鸿山山上虽然也有不少海蚀地貌，但构筑景区主体地貌是石蛋地貌。

那么鸿山为何能织雨？这种奇妙自然现象的出现，与此处旧时地理环境及地貌特征相关，是地势、气流、时令诸多因素综合影响的结果。鸿山历史上比较靠近海，临近当年的镇南关，原来的海岸线一直延伸至今日的碧山路、寿山路一带。此处山势回折，加上山崖与山腰个别大岩石之间形成一些小石巷（小山谷）。这样一来，每逢风雨之际，海风和山谷共同作用，造成风势回旋不定，雨随风转，乍东乍西，如穿梭巧织，蔚为奇观。难怪古人会惊叹："谁向空中看织雨？天然机杼出烟鬟。"从此，"鸿山织雨"闻名遐迩。

正因为"鸿山织雨"这种自然景观是由地理环境和地貌特征造就，所以一旦地理环境发生改变或破坏，这种奇

鸿山石蛋地貌（叶清 供图）

鸿山海蚀地貌（叶清 供图）

日光岩九夏生寒的石巷（叶清　供图）

枕流石（叶清　供图）

妙自然现象也就不复存在。随着沧桑变化，大海离鸿山渐远，加上现代城市建设高楼林立，此处天然的"小气候"条件就发生变化。同时，人为的破坏也是地理环境改变的重要因素，一些山石被开掘、崩塌，如原有的"织雨石"在20世纪30年代崩落了。山势、地貌的改变，便使鸿山丧失了"织雨"的功能，令我们今天无缘一睹这个绝妙自然胜景。我们欣喜地得知，有关部门、政府有意着手恢复"鸿山织雨"景观，人们将拭目以待。

巧夺天工的枕流石和九夏生寒的古避暑洞

当你走进菽庄花园，一眼便看到四十四曲桥中间矗立着一块巨石。岿然不动，雄伟、质朴，没有人工雕琢痕迹。气势磅礴，自然天成。这就是令无数游客倾倒的"枕流石"，石上那苍劲"枕流"两字，是园主林尔嘉先生的手笔。枕流石依山枕海，与巍然耸立的日光岩，洁白细软的沙滩，宛若游龙的曲桥及烟波浩淼的大海和谐交融，组成一幅美轮美奂的立体风景画。枕流石是块花岗岩滚石，属石蛋地貌，是与组成鼓浪屿的花岗岩同时代。至于这块滚石是原地的，或是从什么地方高处滚来的，暂时无从考证。

林尔嘉修建菽庄花园，巧妙地把钟灵毓秀的山水都浓缩到这里来：亭台楼阁错落有致地掩映在绿树丛荫，假山、池塘、小桥和周围景观相衬得异常和谐，相映成趣。园中最浪漫的，要数沿着依岩依水修建的游龙般四十四曲桥漫步了。当海水进入桥下岩石的空罅中，海浪拍岸便飞花碎玉般地溅起，海风一吹点点飘散，倏然扑进你的怀里，其乐无穷。走累了，也可在桥中亭小憩片刻，旅途疲劳顿消。

四十四曲桥的灵魂就是那块雄浑凝然的"枕流石"。林尔嘉先生把这块巨石题为"枕流"，除表示它枕着万顷波涛之意，还借此体现自己的情操和襟怀。相传晋代名士孙子荆有意到深山隐居，对朋友称"所以枕流，欲洗其耳"，此后千百年来，文人雅士皆以"枕流"表示隐居生活和高尚情操。枕流——真是高雅得令人长久回味。

日光岩在鼓浪屿龙头山的高处。龙头山，俗称"岩仔山"，奇峰突起在鼓浪屿岛中，与厦门岛的虎头山隔鹭江对峙。两座小山势如生龙活虎，民间有"一龙一虎把守厦门港口"的传说。

日光岩虽然海拔只有92.68米，但是鼓浪屿最高点，远远望去仿佛从海面突兀凌然之势，格外抢眼。日光岩陡峭如壁，平如刀削，巨石夹峙，森严壁立，海风穿弄，顿有"九夏生寒"之凉意。沿石阶拾而上，即使在三伏盛夏，穿过壁立千仞的天然石巷和巨石叠合而成的天然石洞，就有丝丝凉意袭来，暑气顿消。这两石夹峙石巷的石壁上刻有"九夏生寒"大字，游人至此，置于

古避暑洞（白桦 供图）

森然壁立的岩石下，顿觉几分寒意。这石巷是构造——风化剥蚀地貌。

而由一块巨大的岩石，斜靠在另一大石盘之上，形成一个五丈见方的天然石洞，洞顶镌刻着清末台湾四大诗人之一的施士洁所书的"古避暑洞"四大字。这个古避暑洞属于石蛋地貌。在这九夏生寒的古避暑洞里品茶小憩，天风飒飒，扑面而来。遥闻大海涛声，澎湃如鼓，令人体会到一种恬静闲适的情趣，会品味出一种高雅、神秘的感受。

厦门的黄金沙滩

厦门被誉为"海上花园"，不仅这里气候温和，阳光煦照，海水碧澄，同时厦门还拥有一批滩缓浪平、沙粒细柔的黄金沙滩。

据初步调查，厦门市沙滩主要见于小型岬湾沙质海岸潮间带。沙滩长度共有27.69千米，面积2011.91公顷，约占全市潮间带滩地总面积的15.85%。沙滩主要分布于厦门岛东岸和东南岸及鼓浪屿南岸和西岸，其次在大嶝岛、小嶝岛和角屿南岸，鳄鱼屿、鸡屿、火烧屿和上屿等岛屿也有小面积分布。仅厦门岛和鼓浪屿的沙滩长度约17.5千米，其中约有12.5千米适宜辟为海水浴场，浴场总面积达122.5公顷。按照法国海水浴场的容人标准计算，厦门海水浴场可同时接纳9.8万人。厦门拥有港仔后、厦大白城、珍珠湾、黄厝、美华、观海园、大德记、皓月园等一批优良浴场（表6）。

表6 厦门主要滨海浴场环境概况

地点	长度（米）	沉积物	水温（℃）年均	水温 20℃以上月份	平均潮差（米）	日照时数（小时）	水质状况
黄厝	2000	中粗沙	21.3	5—11月	3.98	2233.5	好
珍珠湾	2000	中细沙	21.3	5—11月	3.98	2233.5	好
厦大白城	1500	中粗沙	21.3	5—11月	3.98	2233.5	好
鼓浪屿港仔后	1000	粗沙	21.3	5—11月	3.98	2233.5	好
鼓浪屿美华	350	中细沙	21.3	5—11月	3.98	2233.5	好
鼓浪屿大德记	150	中粗沙	21.3	5—11月	3.98	2233.5	好
鼓浪屿皓月园	200	中沙	21.3	5—11月	3.98	2233.5	好

厦门沙滩资源是不可多得的宝贵旅游资源，在我国十几个滨海城市中也是得天独厚。开辟海水浴场有6个优越条件：(1) 地理位置优越，紧靠市区，交通十分方便。(2) 浴场面积大，1.5米海水等深线的区域宽阔，可容纳游泳者多，仅厦门岛东南部黄金海岸拥有8.4千米沙滩岸线适宜建海水浴场，比著名北戴河海滨浴场实际沙滩5.1千米还长，浴场面积84公顷。(3) 沙粒适中以中细沙为主，脚感好。(4) 厦门海水温度高，适宜游泳季节长达半年以上，而我国著名的青岛、大连、北戴河海滨浴场每年仅2～3个月可入浴。(5) 浴场周围有海豚巡航保护，无恶鲨威胁，安全。(6) 水质清洁，基本属一类海水。

譬如鼓浪屿港仔后浴场是厦门的传统优良海滨浴场，与菽庄花园毗邻，背后昂然屹立着举世闻名的日光岩，景色幽美。沙滩

美华沙滩（叶清　供图）

绚丽多姿的地貌景观

净洁如洗，海面近处奔突飞驰的是摩托快艇，远处巨轮错落排列停泊。每年夏日，这里的沙滩上涌来成千上万游客，沙滩及浅海人头攒动，风歌浪吟人笑，热闹非凡。宽广、博大的大海和沙滩，最能使人进入物我两忘的境界。在广袤无垠的天地，人人都是自然之子，都有自己的位置，分享着同样的阳光、潮水和清爽海风。人们一块戏水、漫泳，观赏旖旎风光，乐趣盎然。

　　厦门岛东南岸的沙滩连绵数千米，自20世纪90年代开发比较成功。如胡里山炮台以东的珍珠湾浴场，是厦门目前最好的海滨浴场，浴场大，浅海区宽，海水干净，沙质柔软，交通方便。到了夏天，许多人是举家驾车到这里游泳。更值得一提的是，环岛路的修建，把黄厝沙滩建成综合性观光旅游、休闲度假海岸。充分依托海岸绮丽的风光，较好体现亚热带海岛特色。绵延不断

港仔后沙滩（白桦　供图）

的黄金沙滩，婆婆的椰林，林木苍翠、鲜花遍地，加上烟波浩淼，广袤幽深的大海，绿涌千层，叠翠溢青的山峦，成就一道厦门景色宜人、海滨特色突出风光无限的靓丽海岸风景线。2000年9月25日，厦门市人民政府正式发文环岛路入选厦门主要旅游区的二十名景之一——东环望海。现在环岛路已成为厦门新旅游热点，一个很有魅力的风景名胜区。每当节假日，人们可以到这里，远离城市喧嚣，一领大海风骚，欣赏海岛风光，领略海滨野趣。赤足散步在松软的沙滩上，迎着温柔的海风，听那悦耳的涛声，的确会令你心旷神怡。

厦门的沙滩主要分布在厦门岛的东南部、东部以及鼓浪屿的南部、西南部，均位于九龙江口的北岸，而厦门岛西部和北部均是岩岸和泥质海滩，较少见沙滩。可见沙滩的成因与九龙江搬运来的泥沙密切相关。九龙江年搬运泥沙悬浮物约250万吨，一部分随海水进入台湾海峡，但绝大部分在九龙江口附近沿岸堆积，由此造就许多美丽的沙滩。

沙滩资源除可以作为旅游资源开发外，当然也是矿产资源和建筑材料，如黄厝沙滩是富含稀有元素的砂矿资源。但是厦门是以工业为主兼发展旅游业的经济特区，从沙滩的主导功能而言，首先应作为旅游资源开发利用。同时，沙滩还是重要环境资源，它起到破碎、吸收、缓解波浪能量的作用，大大降低波浪对海岸的破坏，宛如天然防波堤。滩与岸犹如唇齿相依，滩失而岸退。因此，保护沙滩也是保护岸线。

东环望海（邹振冈 供图）

绚丽多姿的地貌景观

　　厦门海岸沙滩资源弥足珍贵，是我们宝贵的旅游资源，是大自然对厦门的垂青，无私的馈赠。有些滨海城市沙滩远离市区，比如上海、广州、福州，不得不到远离市区几十千米甚至上百千米的地方开辟海滨浴场和娱乐中心，而厦门这方面条件得天独厚。厦门的沙滩是迷人的，万顷海浪抚平了柔软的沙滩，踏着沙滩，人们或观景或戏水，情在山水之间，其乐无穷。

　　世界著名的旅游胜地夏威夷、迈阿密都是以优质沙滩和令人陶醉的海滨娱乐场，吸引世界各地无数的游客；新西兰、澳大利亚、西班牙等海滨城市，都十分珍惜和保护海滨沙滩，并利用沙滩创造巨大的价值。

　　但是人们向大自然的索取并不是无限的，美丽沙滩的风景资源的保护问题，正严峻地提到厦门人的面前。由于人为因素，无序开发和不合理的工程设计，正在破坏厦门的沙滩资源。如不合理修建海岸公路以及侵占沙滩围滩建筑，不仅吃掉一大片优良沙滩，而且修建的直坡岸堤加强波浪的侵蚀作用，破坏海滩平衡剖面和水流动力，加剧沙滩的侵蚀强度。直坡岸堤下发生的强烈下切侵蚀作用，正在让海浪冲走了滩面上的沙子，造成大量沙子流失。有部分以前优良海滨浴场，原先数米厚，洁净柔软的金色沙滩已经满目疮痍，几乎荡然无存。如厦大白城浴场如今滩面上处处裸露着大片基岩和石块，基本无法使用。保护沙滩资源应当提到议事日程。

厦门沧桑巨变

从地图看厦门岛的沧桑巨变

摆在我们面前的，是从清朝道光年间至现在的 3 幅厦门岛地图（图 24—图 26）。从这三张厦门岛不同时期的地图，我们不难发现，在近 170 年里，厦门发生了沧桑巨变。

浮屿 ——"浮"在海中的小岛

在清道光十九年（1839 年）的古厦门岛地图上，筼筜港是个有 15～16 平方千米水面的天然古港湾。今天的厦禾路与思明北路交汇处的浮屿，是筼筜港口部的一个小岛，四周都是波涛滚滚的海水，名副其实是"浮"在海中的小岛，仅靠栈桥与厦门岛相连。浮屿原有座雷音殿，清乾隆年间，厦门诗人张锡麟登上浮屿并作了《雷音观潮》诗："帝关登临岛屿浮，每逢潮至豁双眸。乾坤有意分朝暮，江海无心任意留。"这首诗描写了鹭江空旷景色和潮汐变幻。古时，人们上浮屿要走过数十丈长的木桥，100 多年前木桥换成石桥。据专家们考证，浮屿上的雷音殿位置就是现在厦禾路 278 号，周围屹立高楼大厦。自浮屿至开元路洪本部，原是一片又深又险的海面，因为时常溺毙人命，因此称"鬼仔潭"。竹树脚、担水巷附近的厦禾路和鹭江道的一大片土地，也都是填海造陆的。据《厦门志》载：竹树脚这段地

区叫"新填地"。原担水巷，市蔬菜果品公司地方俗称帆礁，以前原是个小岛，有诗可证。张锡麟《蓬岛夜泊》诗写道："晚潮初落见嵯峨，结伴舣舟拟夜过。八九人来乘逸兴，二三更后发清歌。蓬窗缭绕风声细，沙渚苍茫月色多。自笑诗成题石壁，千秋烟雨任消磨。"他在题下注说："四面环海，土人曰蓬礁。""蓬礁"后来改写成"帆礁"。帆通蓬，船舶泊在这里，在礁上洒帆，所以有这个名称。这片海域今天都成厦门市区，浮屿已成为最繁华闹市区，是厦门金融、商业、文化中心之一。

在厦禾路和禾祥西路之间的美头山，100多年前居然是伸入筼筜港的小岬角，三面环海，相当一个半岛。以前的美头山是停泊船只的地方，因此美头山原名叫码头山。凤屿是筼筜港湾内一个小岛，上有座石筑的灯塔，这座古灯塔现在是湖明路凤尾园内的一座景观石塔。沿今天的溪岸路—人民体育场—幸福街—海岸街，古时就是海岸线。厦门六中一带往日都是海，"桅樯林立，番船辏集"。厦门工程机械厂附近的地名叫后江埭，埭是阻挡海水的土堤，顾名思义这里原是海滨，而今却是车水马龙、高楼林立的闹市区。

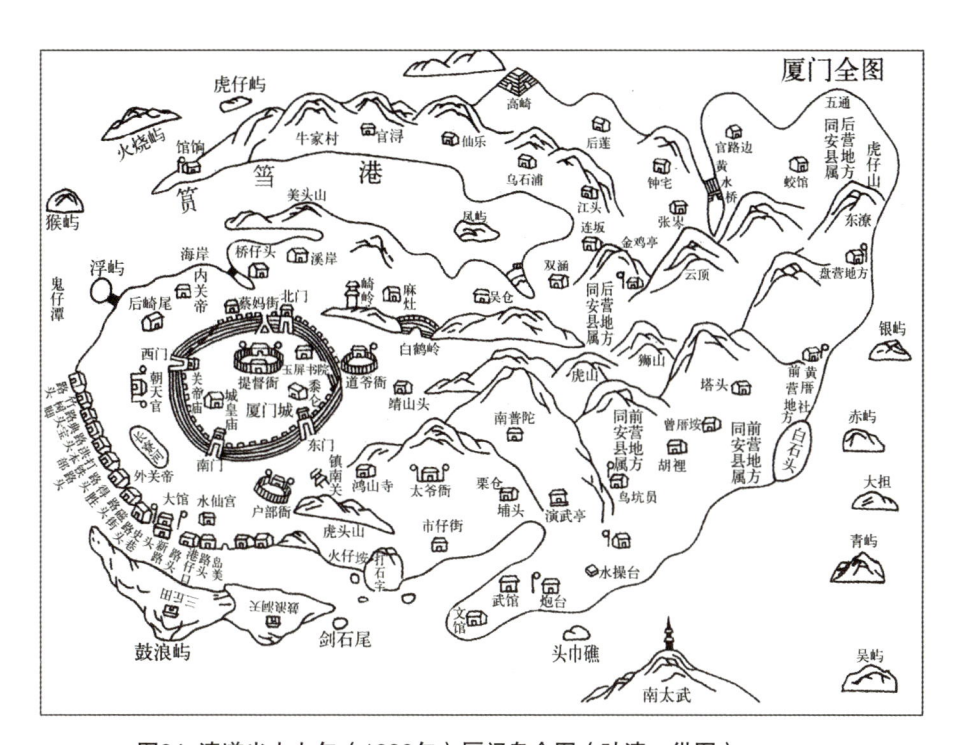

图24 清道光十九年（1839年）厦门岛全图（叶清 供图）

从古厦门岛地图我们还可以看到，第六市场的水仙宫在面对鼓浪屿岸边，紧靠原来厦门著名的古码头——岛美路头。清乾隆年间陈迈伦作了一首描写水仙宫海边景色的诗："斜磴人来悬壁上，危亭极目大荒余。近城烟雨千家市，绕岸风樯百货居。"在诗里可以依稀看出水仙宫渡头市场热闹情景。除了水仙宫外，还有和凤宫、妈祖宫都在海岸边。据史料记载，200年前，一位叫郁永和的人奉朝廷派遣去台湾采购硫磺，路过厦门时把船停泊在和凤宫外，人到庙中过夜。和凤宫后有一木桥，因此地名称为柴桥内

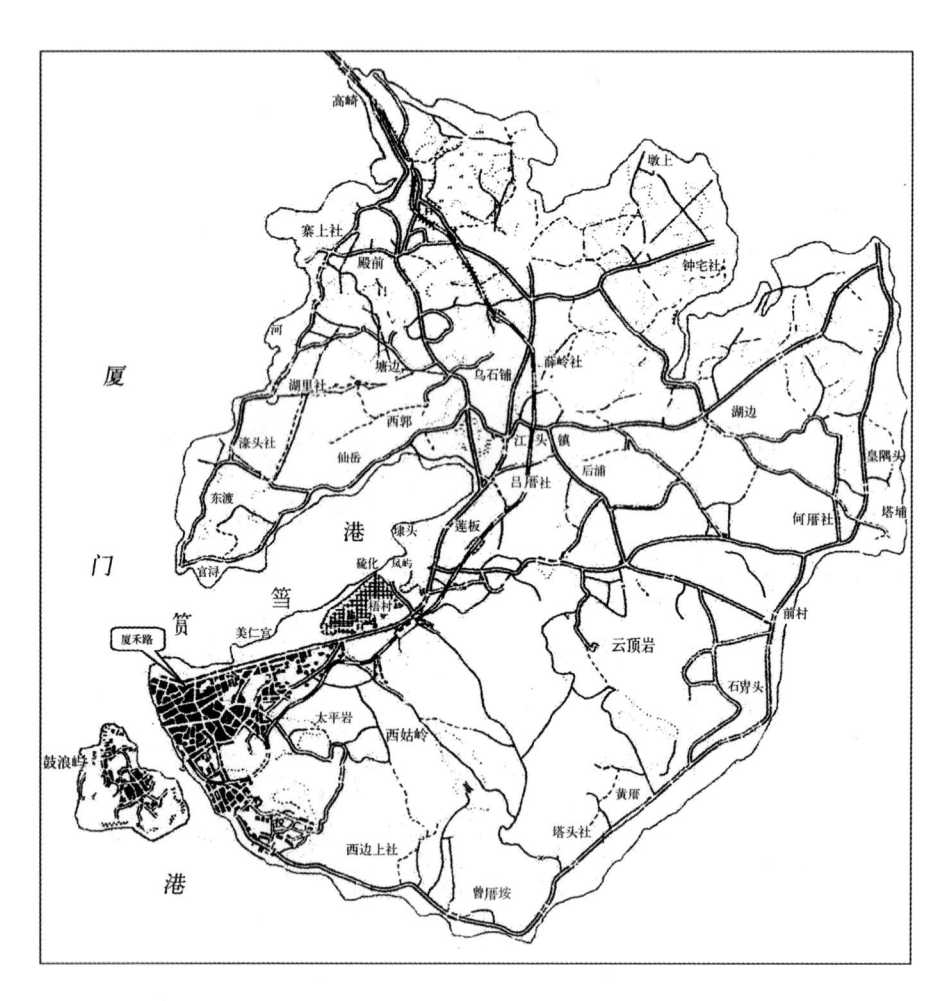

图25 1963年厦门岛全图（叶清 供图）

图26 2004年厦门岛全图

（原永安堂大楼后面），就在今天的第一百货公司附近，距离轮渡码头有 1000 米。

　　随着社会经济向前发展，数百年来，厦门市区的幅员逐渐向海域扩展，与海争地。单在 1927 年后的一段时间内，开辟新区三十五处，面积约有一百二十余万方丈，大部分是填海所得。现在的海岸线和过去完全不同了，尤其在 20 世纪 80 年代以来，填海造陆活动加剧，许多码头、工业区、住宅区、道路、机场是原海域填造起来的。

今日浮屿（叶清　供图）

厦门沧桑巨变

凤屿古灯塔（叶清　供图）

筼筜渔火

凡是厦门老人，无不知道原厦门八大景之一的"筼筜渔火"。入夜之际，港内万点灯火，若隐若现，闪闪烁烁，勾勒出一幅美轮美奂的筼筜渔火名景。有清诗人蒋国梁的诗为证：

万顷筼筜水接天，夜来渔火出云烟。
辉煌千点官浔外，明灭三更凤屿前。

要说厦门岛近代地理环境变迁，最令人瞩目的莫过于古港湾筼筜港变成今天的筼筜湖和筼筜新市区。筼筜港原是厦门岛天然的古港湾，从厦门岛西南岸向东北深入岛内约7000~8000米，宽约2000~3000米，水面有20多平方千米，由于港湾形态颇似大竹"筼筜"而得名。据《海澄县志》

筼筜旧貌（市城建档案馆　供图）

载："港当汐时，中流一带，宛转纤长而未分歧，形如竹，故名筼筜。"浮屿、凤屿、美头山均在港湾内的海中。据厦门史学家潘文贵先生考证，郑成功收复台湾之前，便把大批水师船舰屯泊在筼筜古港。另外，筼筜港还是厦门通往海内外的港口，码头就在江头。江头古渡所在的江头和禾山一带正是厦门岛古代文明的发祥地，近年来发掘的文物也证实这一点。以江头为中心的地区是古代厦门经济文化发达、人口相对比较集中的地方，正是利用江头依山傍水的地理环境优势。

筼筜新貌（邹振冈　供图）

在近200年，筼筜港环境和水面有很大的变化。据薛起凤《鹭江志》称：

清乾隆三十一年（1766年），筼筜港在城之北，长可十五六里，阔四里许。自竹树渡头至江头社，一弯如带，中有小屿，曰凤屿。又有浮沉石，潮至则浮，退则沉。海利所出，日可得数十斤。鱼虾之属，此为最美。

那时的筼筜港水面有20平方千米，且盛产美味的鱼虾。100多年前，人们开始在筼筜港南岸填海造地，竹树脚附近的地皮大致是那时填造的，称为"新填地"。

至1919年，筼筜港水面已减少一半，约为9.5平方千米，但那时的浮屿、凤屿依然还是海中小岛，美头山、金榜山均在南岸边。20世纪二三十年代，筼筜港进行大规模造地行动，厦禾路大致是那时填海而成的。至1938年，港湾水域已剩不到9平方千米，浮屿、凤屿都已填为陆地，港湾尽头还在江头，吕厝涨时为小岛，退潮时才是陆地。

筼筜港区大规模填海造地工程是 20 世纪 70 年代。1970 年 7 月，筼筜港开始围垦，在港湾口部筑起 1700 米长的堤坝围堵（即西堤），从此港湾成为封闭水体——筼筜湖，水面缩小至 2.2 平方千米。改革开放以来，这里继续填土提供一大片建筑用地，当年的棹港区逐渐建设成今天最繁华新市区，成为厦门行政、文化、商业、金融中心，水面退缩仅剩 1.6 平方千米。

深巷里的造船厂

开元路有一条与第八市场毗邻的小巷叫艍舨寮，据考古工作者考证是原制造艍舨船的船厂，这里靠近海边应该不成问题。另一条横穿开元路、大同路的横竹路，历史上称神前澳。澳，海边弯曲可以停船的地方。神前澳以前有座关帝庙，据李绣伊先生的《紫燕金鱼室笔记》记载，这一带原来是海滩，滩中有石笋，用它雕塑成关公偶像。据史料记载，18 世纪中叶，神前澳拥有注册的洋船（渡洋巨舶）7 艘，大商船 76 艘，小商船 158 艘，航行南洋和本国天津、台湾等地，当时政府并设有"澳甲"稽查船只。从横竹路到民立小学的升平路，原来都是汪洋一片，今天我们走在这片摆满琳琅满目商品的街市时，殊不知还是在昔日的海面上漫步。现大中路、升平路、镇邦路街交接点，厦门人俗称"二十四崎脚"，是海滨位置，横竹路、镇邦路、布袋街一带，早期大部分在海里。这里曾有一块岩石刻有"崇祯七年我军熊侯克红夷于浒"，浒，就是水边、海滨。厦门军民正是在这方海面打败荷兰侵略者。二十四崎在文圃后山，相传这里就是郑成功的另一个水操台。郑成功和扈从将领经常策马到水操台训练水师，常走的路才叫走马路（现在的大中路）。

在 18 世纪初，厦门有一个"军功战船厂"，位置在水仙路至妈祖宫——原晨光路之间。清乾隆元年（1736 年），这个厂占地东西四十丈，南北十五丈。这个"军功战船厂"，属兴泉永道管辖的，能造同安梭式缯船（即一种楼船巨舰）。这种大型赶缯船身长九丈六，板厚三寸二，是用来巡弋海洋的战舰。而附近的龙泉宫渡当时就是巡洋战船进出的码头。

当时由于这里以外的海滩尚未填（至 20 世纪 20 年代才筑堤填土石建成今天的鹭江道），要从沿海的同文路走向厦门港是不可能的，那里全是悬崖峭壁，建好战舰要走厦门港，行人则非走镇南关（思明南路）这条路不可。鹭江道在离海岸一华里的海中。

厦门岛腹地的码头

人们都知道，码头是专供停靠船舶、上下旅客和装卸货物的水工建筑，理所当然应建在海边。然而在厦门岛腹地却有古码头的遗踪。思明南路诚达购物广场（定安）附近，厦门人至今还习惯称"后路头"。路头，在厦门方言专指旧式码头。根据史料记载，塔仔街是个古渡头。《厦门志》载："大使宫，在塔仔街旁，有石塔镌'泉南佛国'四字。其地明时为海滨渡头，水至其下。"塔仔街就在现在的定安路，大使宫却已拆毁建作第九市场。那石塔，据说是码头上系船用的，却还存在，它原在定安路馥香堂蚊香店里头。这些记载和遗迹，说明塔仔街是古渡头，但它距当今的海岸线实在太远了。塔仔街一带，人们至今不是还用着"后路头"这个地名。往日海水确是流到这边来，并且流进附近的蕹菜河。不过古时的塔仔街前，横着一座凤凰山，它像小走马路那样，高出地面十余米，海水当然不会越岭爬山而来。原来，这里的水是从另外一个地方来的：古时原有一条小港汊从浮屿角沿今天的思明北路往南穿过中山路，到今天第九市场，船可以通航。从现在的后海墘沿思明北路、南路而至塔仔街，这一线是低洼地带，有条小港可通舟楫，以后不能通航，海水仍可流入蕹菜河。这里附近有个后岸巷，就是当年港岸的遗址。

从美仁社到这里，原来的海岸线，几百年来不断变更，只凭点滴史料推测，能得出这么一个大概的轮廓。

厦门岛古河道

厦门岛有不少地名反映出古地貌。如老市区大陆商厦后面（原妙香路），厦门老百姓称呼"蕹菜河"。蕹菜，俗称空心菜，闽南以前广泛在水田、河沟种殖。蕹菜河就是古地图上残留的一段标名长寮河，有从浮屿角到"后路头"的港汊穿过可以通航。后来成为岛上排放污水的河道。由于河水污染严重，"无鱼虾之利"，但这里种殖的水蕹菜，却长势相当好。由于这里河水脏污，蚊蝇丛生，1920年厦门大规模城市建设，蕹菜河才被填平建成市区。

与蕹菜河情况相似，厦门宾馆旁的蓼花路，也是由原来的蓼花溪填平建成的。蓼花溪是厦门历史上"七池、八河、十三溪"的十三溪之一，源出今虎园路、深田路间的蓼花路，汇集中山公园入海。蓼花，是一种生长在小溪的蓼科（Polygonum）水草，开的穗状淡红或白色小花。

在厦禾路与溪岸路之间的后河路，是由原龙船河填筑而成，历史上的龙船河是发源于阳台山、太平山的水系，流入筼筜港最后河段。据地方志记载，每年端午节，厦门人聚集这里，隆重举行龙舟大赛，可见它以前水深河面宽阔。厦禾路一带往日还没有公路，从郊区入市，要经过文灶社、崎岭（将军祠）才到达溪岸。清咸丰三年（1853年），厦门小刀会起义军埋伏奇兵于万寿岩附近，便可随时狙击自五通来攻的清军。而现在的美仁社，那时是座伸入筼筜港的山岳，叫美头山，和隔海的牛家村相为犄角。这里的村落，从前叫码头社，是内海的船舶和筼筜港渔舟集泊的地方。后来这里住户有几家做了官，发了财，嫌叫码头社不风雅，才改名美仁社，取了个"里仁为美"的意思。当时码头社一面连溪岸，三面濒海，社前还有个龙船河，和海只一岸之隔。群众就在这河里大赛龙船，所以叫龙船河。这个河早已填平，就是现在的"后河路"。而今天的美仁社，也已是四面着陆，上至水鸡腿填海为后江埭，下达浮屿角。沿禾祥路、禾泰路两侧广袤的土地，大部分也是20世纪70年代海坪填成的。

被遗弃的古潟湖

关于保护厦门市重点文物单位"演武池"的报道，曾经成为电视、

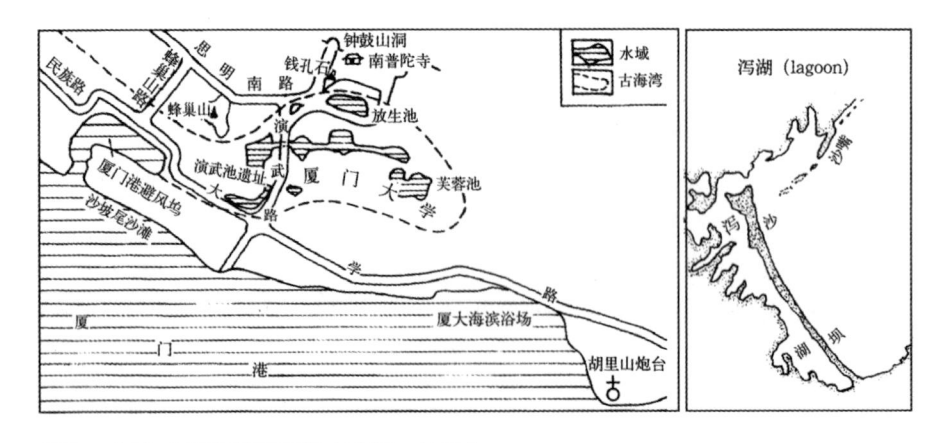

图27　厦大古海湾地理环境（叶清　供图）

厦门沧桑巨变

报纸的新闻热点。300多年前，民族英雄郑成功雄踞厦门开府思明，留下许多遗址。演武池，就是其中重要遗址之一。相传郑成功在演武亭畔训练水师，故名。据《厦门志》载："演武池，在城南澳仔社口较场侧。相传郑氏演武处也。"演武池在厦门大学西村宿舍区内，残存水面近10000平方米。对于演武池，地球科学工作者情有独钟，因为它是潟湖的残留部分。

　　潟湖（lagoon），是由沙坝、沙嘴或滨岸堤与海洋隔离开的海滨浅海湾。由于堆积作用的强度和时间的不同，有的潟湖仍有水道与大海相通，或高潮时相通，海湾仍是咸水。像今天厦港沙坡尾的避风坞就是残存的潟湖，沙坡尾沙滩是潟湖外的沙坝、沙嘴。历史上这个海湾、潟湖范围要大得多，沙坝长度由沙坡尾沙滩连接厦大海滨浴场沙滩直抵胡里山炮台（图27），是由九龙江带来的泥沙堆积而成的。随着潟湖外堆积物增加，有的潟湖同海完全隔绝，逐渐变为淡水湖，如我国著名的杭州西湖就是这样的古潟湖。随着地壳上升和堆积作用继续进行，有的潟湖还会被淤浅成为沼泽，甚至形成海岸平原。

　　据地质勘探和古地理环境考察，地质时期南普陀寺门前、

厦大芙蓉湖（叶清　供图）

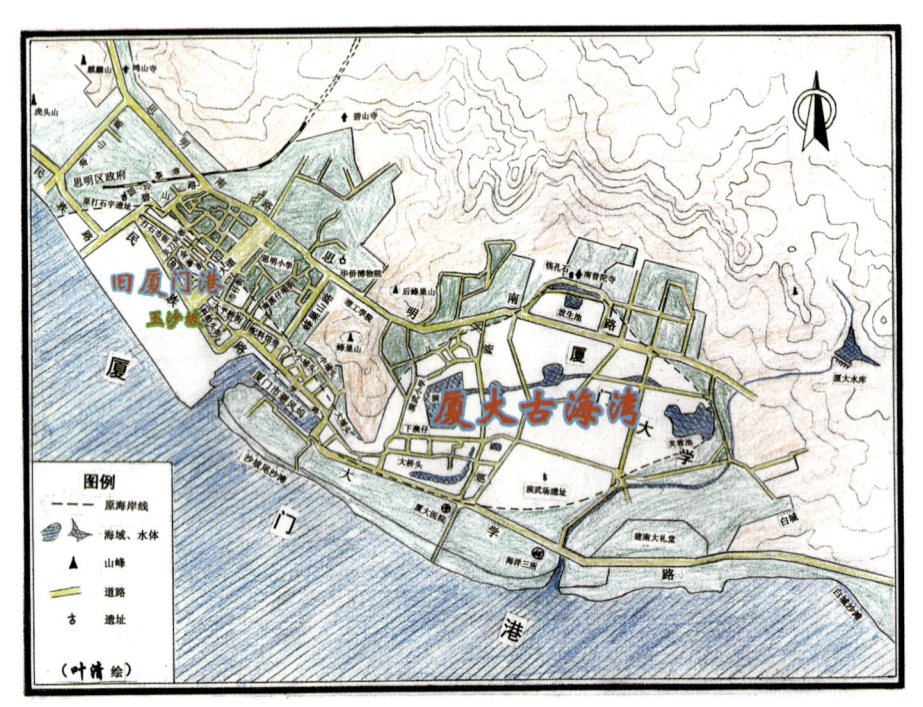

图28　旧厦门港(玉沙坡)——厦大古海湾一带地理环境变迁示意图

演武池、厦大西村、演武路、厦大操场、芙蓉湖这一大片区域都是海湾（厦大古海湾）组成部分（图28），海湾出口处就在沙坡尾避风坞一带。在郑成功据守厦门期间，这个古海湾又逐渐形成闽粤重要的渔港。现在民族路、冷冻厂一带当年还是一片海沙滩，旧的避风坞远不止今天这么小，一直深入到市区内的打石市街。

由于人工填土造地以及地壳缓慢上升的原因，原古泻湖大片水面逐渐消失变成陆地。时过境迁，这些地方或修建马路，或修建校园，或盖起高楼大厦，只有演武池保留了下来。

湮没的古港口

曾厝垵有一个自然村名叫"港口"，距离海岸约700~1000米。源自东坪山的小溪从这里流入大海，因此这条溪流也就叫港口溪。据清道光《厦门志》卷四《港澳篇》载：（曾厝垵澳）"在厦门南海滨，与南太武山隔海相望。沙地宽平，湾澳稍稳，可避北风。"港口村这个地方400多年前还确确实实是港口，是最早的厦门港所在地。曾厝垵古时称曾家澳、曾厝湾、曾厝垵澳等，所谓"澳"便是泊船的海湾。从胡里山炮台至白石炮台之间原是海湾——曾厝湾，岸线直抵港口村，使这里成为古口岸。

由于厦门的黄金沙滩主要由九龙江带来的泥沙堆积而成，因此地理位置处于厦门岛最南端的曾厝湾，就成为接受堆积最主要的地方。通过地貌和第四纪地质调查证实，曾厝垵一带属海积阶地，是原来的曾厝湾被泥沙淤积形成的。仅仅几百年的历史沧桑，这个古海湾便被淤平了，这与九龙江沿岸水土流失严重，每年带来 250 万吨泥沙有关。"垵"在地理上指平缓的坡地，从曾厝湾、曾家澳、曾厝垵澳到曾厝垵这种地名变更，反映出地理环境的变迁。

厦门海洋地理环境变迁

厦门岛筑堤、填海有着较长的历史，并与厦门的开发、建设有着密切的联系。早在 20 世纪 20—30 年代就开始筑堤、填海，并通过筑堤、填海不断扩大本岛的面积和改善交通状况。厦门岛内最早的筑堤工程是鹭江道的建设，从 1926 年到 1936 年，历时 10 年之久，第一码头至原厦门电厂堤岸间的邮局到马祖宫码头段工程最为艰巨，1931 年由香港荷兰港公司承建。这些堤岸的修建对于厦门开辟对外航运，促进国际贸易起了重要作用。1953 年后，先后修筑了高集海堤、集杏海堤以及一些堤岸（表7）。这些海堤、堤岸的修建，在保卫海防、促进经济建设和扩大厦门岛地域范围等方面起了一定的作用，但也改变了厦门的一些自然生态条件，伴生了一系列环境地质和海洋环境等问题。

厦门市自辟为经济特区后，为了适应改革开放的需要，又在东渡兴建了客货运码头。这些海堤、堤岸、码头的兴建带来了以下几个问题。

表7　厦门部分填海筑堤的情况

名称	动工时间	竣工时间	长度（米）	宽度（米）	土石方量（m²）
高集海堤	1953年秋	1955年9月	2212	19	70多
集杏海堤	1955年10月	1956年12月	2820	60多	90
马銮海堤	1958年	1959年12月	1670	7	80
篔筜海堤	1970年7月	1971年9月	1700	12	59.8
高浦海堤	1977年	1979年	2300	4	—

孤岛变半岛，西港半封闭

厦门至集美原来是靠渡船过渡。1955 年兴建高集海堤后，各种车辆、行人均由堤上经过，大大改善了行走和运输条件，至此结束了厦门为孤岛的历史。但随之而来的是海流发生了变化，修堤前厦门岛四周海域，海水可以自由流动，岛东西两面的海水可以没有阻挡地交换，故水体交换量大，稀释扩散能力强，水面看不见污染物的滞留，水质极为清澈。海上交通也十分方便，小型客货轮可以直通同安等沿海各县区。围堤后厦门变为半岛，高集海堤靠高崎一侧深水段虽然留有宽 15 米的桥涵，供内河船只通过，但通行条件变化，涨潮水流在此甚急，退潮水深不够，水体交换量小，稀释扩散能力弱，且行船已大大减少。实际上厦门西港已变为半封闭性的港湾。

纳潮量及水动力强度减弱

自高集海堤建成以后，又相继构筑了集杏海堤、马銮海堤及筼筜海堤，使厦门西港面积不断地缩小（其中集杏海堤建成后，14 平方千米的海湾成为水库和田地；马銮海堤建成后，14 平方千米的海湾成为湖泊、盐场和耕地；筼筜海堤建成后，8 平方千米的天然避风坞成为一潭死水的筼筜湖），20 世纪 90 年代，厦门西港仅有 52 平方千米，现在西港海域面积进一步缩小。由此，海域进潮量减少了 1/3。同安湾由于湾顶围垦，径流下泄量减少，九龙江三溪都建有闸坝，径流入海量也显著减少，潮流成为西海域水体交换的主要动力。

建堤前，厦门西港潮流较强。1940 年涨退潮流速为 1.0~1.5 米／秒，现已普遍减弱，西港南侧只达中强流，或中流。湾顶更为滞缓，仅为弱流。宝珠屿附近水域的流速为原来流速的一半。

淤积速度加快

潮流是迁移、塑造海湾、航道的主要动力因素，由于流速减弱，将直接影响海底冲淤作用。

由于海堤的兴建，厦门西港淤积情况严重。原来鼓浪屿与嵩屿之间水道有一深 20 米、底宽约 600 米的凹槽，但近来该凹槽渐趋小时，剩为一"V"型的槽。猴屿之南与嵩屿水道是巨轮进出内港的通道，也发生了明显的淤积现象，其 20 米深的水道逐年缩小。东渡等其他海区均有不同程度的淤积现象。

宝珠屿的东、北和东北侧于 1956 年前后相继建有高集、集杏和马銮海堤，此后，宝珠屿附近海域淤积状况日趋严重。建堤前宝珠屿东侧航道较深，且宽度也比现在宽一倍；建堤后宝珠屿附近航道淤浅 3 米，鳌冠村至呈屿建堤前有一条水道，水深 2 米，现水深仅存 20～30 厘米。据 1938 年、1954 年海堤附近水道测深资料对比，1975 年水道显著淤浅。淤积速率加倍增长。

水产资源减少

首先，素有活化石之称的文昌鱼，具有较高的科学研究价值，世界上产区不多，厦门鳄鱼屿周围海域原为文昌鱼渔场，面积近 20 平方千米。1956 年东坑海堤合龙后，鳄鱼屿东部经 2～3 年便沉积 30 厘米厚的淤泥。同安策槽 1970 年围堤合龙后，鳄鱼屿周围被淤泥覆盖，每年约增厚 5 厘米。海底底质变化，使文昌鱼生息繁衍的环境发生了变化，造成文昌鱼渔区缩小，产量锐减。

其次，水产养殖量锐减。厦门岛周围建堤前人工养殖的虾、牡蛎、蛏及各种鱼类水产品甚多。建堤后，由于水质质量发生变化，除少部分地区尚有养殖外，大部分海湾已无法进行人工养殖，故水产养殖量锐减。例如筼筜港，原系厦门西海域的天然海湾和避风良港，盛产鱼虾，还有大量水产养殖，如牡蛎、缢蛏等。围堤后，由于周围环境变化，且废水的排入，鱼虾、牡蛎、缢蛏等的养殖条件被破坏，多年的水产养殖也随之消失。还有像杏林湾和马銮湾，围堤前均为西海域的港湾，各种水产品及水产养殖甚多，围堤后大部分均变为盐场、耕地和厦门市备用水源水库，因此，该水域的水产养殖业也濒于毁灭状态。

红树林资源受到破坏

由于围海筑堤，不少海区潮间带的红树林已经破坏无存，如东渡码头的兴建，使原有的红树林全被填埋；东屿湾填平，原来西港最大一片红树林保护区遭毁灭；海沧煤码头的建设，九龙江口最后一块成片的钱屿红树林群落消失了。

厦门地理环境变迁原因

厦门近现代地理环境变迁,有自然原因,也有人为原因,其中又以人为因素——填海造陆为主。

淤积及地壳运动

经过对厦门岛第四纪地质考察证实,这种沧桑变化中,前面所说的曾厝垵古港的消失和演武池的地理环境变迁的主要原因是九龙江泥沙淤积造成的。除此之外,厦门岛的地壳一直处于缓慢上升状态,海水退去,出现一些海积阶地(marine terraca)。不过这一过程经历的时间要漫长得多。

从距今4万—3万年前的晚更新世以来,厦门地区有过四次地壳整体升降交替运动,有过四次海水进退。第一次海进发生在距今4万—3万年的晚更新世早期,海水到达现今海面50米以上,随后地壳上升海退,形成三级海成阶地,即高度在25~50米的三级侵蚀(海蚀)阶地和堆积(海积)阶地;第二次海进发生在距今1.6万年的晚更新世晚期,海水到达现今海面25米以上,随后地壳再次上升海退,形成二级海成阶地,即高度在15~25米的二级侵蚀阶地和堆积阶地;第三次海进发生在距今7000—6000年前全新世早期,海水到达现今海面15米以上,随后地壳上升海退,形成一级海成阶地,即高度5~15米的一级侵蚀阶地和堆积阶地;最后一次海进发生在距今4000—3000年的全新世晚期,海水到达现今海面5~6米以上,随后海水退到现今海平面位置,形成本区分布最广的海积平原,高度0~5米,由全新世晚期海积淤泥层和沙石层组成,原港湾状态时系潮间浅滩,现大部分为沙滩、泥滩及滨海平原。

厦门岛有许多海蚀地貌就是这种地壳上升的佐证,像金山、曾山这种海蚀地貌到处可见。如厦门名刹南普陀的"钱孔石"是海蚀洞,原本是海岸边的礁石,受海水、海潮长年累月冲蚀形成的。金榜山原来濒临筼筜港,现退居厦门岛内,除了人工填海造地,也有地壳上升的原因。标高在5~15米的厦大、文灶、江头、乌石浦等地,是近1万年至几千年全新世海产生的一级海积阶地;标高在15~25米的后埔、蔡塘、柯厝等处是1万年前晚更新世晚期的二级海积阶地;标高在25~50米的仙岳、西郭、塘边则是产生年代更早的晚更新世早期的三级海积阶地。由此可见,地壳运动也是厦门地理环境变迁的因素之一。

厦门沧桑巨变

填海（河、池）造陆

厦门岛人为因素的填海造陆行为，自古就有之，不过20世纪以来这种行为更为显著罢了。厦门旧市区有一大片土地都是20世纪二三十年代人们往鹭江（厦鼓海峡）扩展，移山填海建成的。不仅是鹭江道、太古码头（和平码头），中山路、泰山路口以外的大片市区原先都是海滩，20世纪20年代建设中山路时才逐渐填海造陆的。

厦门岛上的填海扩地已有很长的历史，许多填海扩地都是经长年累月不断进行才完成的，因年代久远，具体年代和扩地情况，已难查考。根据地质勘探的大量资料表明，如今厦门市区成陆的古海湾有好几处。

厦大古海湾 厦大海边足球场经海洋研究所、人类博物馆、芙蓉楼、厦大百货商店、南普陀寺、顶沃仔至厦大医院，是一个为五老峰、蜂巢山延伸的山脊所环围、形态十分曲折的厦大古海湾。它原从属于现厦门港湾。

思明古海湾 从小学路经教工之家、南乔巷、局口、第九市场、台光街、桥亭转霞溪路、第七市场、双莲池至故宫路，又是一个被同文山、钟楼山延伸的山脊所环围、形态蜿蜒的思明古海湾。它原从属于筼筜港湾。

公园古海湾 从公园西门经公园南路、深田路至文园路174医院，朝西往工艺美术厂、溪岸路一线，是个由钟楼山、虎溪山、白鹤山延伸的山脊所环围、形态复杂的公园古海湾。它和思明古海湾紧密相连，本来也是从属于筼筜港湾。

文灶古海湾 从汇成大厦穿越厦禾路，经文园路铸造厂回转弯到厦禾路后江小学附近，是一个形似袋状的文灶古海湾。

这些大小不一的古海湾，早已成陆，找不到海湾踪影。但在厦门岛离现地面标高下约3至4米处，有一层厚薄不一的黑灰色淤泥，从其分布的范围，确定了上述古海湾的大体位置。

明末，郑成功在厦门岛上建立抗清基地并发展海上对外贸易，吸引了各地不愿降清的人们前来厦门投奔郑成功，岛上人口骤增。清初，厦门正式开放为对外贸易口岸，带动航海业、造船业、商业以及手工业的发展，闽南以至省内各地大量移民入岛，人口再次大幅度增长。为解决生产和生活用地来源，明末和清朝康熙、雍正、乾隆年间，都有规模较大的填海扩地行动。

镇邦路过去叫港仔口，涨潮时海水淹没如今的升平路、镇邦路，直达二十四崎码头。其背后文圃山，是当年郑成功训练水师（海军）的水操台。

同文中学（今旅游职业学校）所在地的望高石，原来是在海边的。其附近的三十六崎就是古码头遗址。现在的思明区政府大楼一带，过去叫打石字，也是在海边的。原来的岛美渡头，在今中山路、升平路口；水仙宫码头，在今水仙宫；妈祖宫码头，在今晨光路。也就是说，如今的鹭江道中段和海后路、升平路、镇邦路、水仙路、晨光路等一大片地方，都是由海滩填成陆地的。

思明北路原开明戏院附近，以前叫浮屿，涨潮时海水将浮屿淹没，并沿着今思明北路，经思明南路第九市场直至定安路。因此，这一带名叫"后路头"、"塔仔街"。20世纪50年代，定安路市场还留存有船舶停泊抛锚的"塔仔"。

故宫路有条海岸街，在今厦门蜜饯厂附近。这里旧码头的遗址犹存。由此可见，如今的厦禾路中段、故宫路西段，原来都是海滩，其成陆的时间也不过是百年前的事。

距今约500年前，厦门港的沙坡头、沙坡尾（今民族路、大学路）还是一块荒无人烟的沙滩。明末清初，一批在九龙江以船为家的内河渔民，由于不能忍受官吏、渔霸的压迫剥削，转移到这一带落户。以后粤闽交界和晋江地区的渔民也迁到这里，依靠捕捞内海杂鱼为主，渐渐形成为一个渔村。当时，渔村只有一条小街，即今民族路的"鱼行口街"。这里原是沙滩，往外则是白浪翻滚的海面。那时渔船进港就停在今民族路冷冻厂附近，遇到大风就驶进"打石字"内港避风。现今的大学路和沙坡尾，又是一片大坟地，称为墓仔埔，也是清朝官府处治犯人的刑场，因此沙坡尾靠海一带虽然也是沙滩，渔船却不愿停泊。1933年，厦门筹备设市，大建楼房，铺设公路，旧渔村开始填平筑岸，沙坡尾一带辟成新渔港，旧渔港只剩下一个旧"鱼行口"地名，"打石字"的内港也消失了。

根据1920年的统计资料，厦门市区总面积3453330多平方米，其中河、池、溪占地520000平方米，实际用地2933300多平方米，居民近12万人，人均（包括住房、路巷、空地和公共设施）不及25平方米。

厦门大规模的填海、填河造地，始于20世纪20年代。首先从填瓮菜河（原新南轩酒家周围）开始，填河的土取之于拆毁旧厦门城。据史料记载："由于城垣与瓮菜河邻近，搬运方便，工程从1926年春开始，1927年完成。辟地2150余丈，除马路用地外，全区房地面积约1100方丈。"

填海造地的土石材料，主要是通过削平虎头山临海岩崖，劈凿镇南关、鸿山山头和麒麟山，改变了过去受山丘阻隔，导致市区与厦港间交通不便的状态。各处开挖的土沙石块,一部分用于填海扩地筑堤岸,一部分用于填平星散于市区的七池、八河、十三溪和低洼地段,使市区土地面积增加近130多万平方米。

到20世纪30年代,填海、填河造地取得重大成果,计填洗布河,开发土地面积15966.7平方米;填鹭江第一、第二、第三段堤岸造地8处,开发土地面积717910.5平方米;拆城墙填瓮菜河一处,开发土地面积23888.9平方米;填深田内水田一处,开发土地面积27133.3平方米;填深田外低洼地三处,开发土地面积32511.1平方米。

为了修筑高集海堤、篔筜西堤,先后从东渡双狮山、牛头山、大离亩岛、石鼓山、南山、厦港"不见天"和岛外的鳌冠太平山等处大量开采土石方,到海堤建成时,大小离亩岛、象屿、中屿、狗睡岛上的石材已采伐殆尽,原礁石遍布的荒岛变成可以利用的土地。小离亩岛现在成为高崎国际机场用地,象屿现在建成保税区。

篔筜港区的地理环境变迁是有目共睹的,不再赘述。另外,人为填海造陆,使厦门西港地理环境变迁也十分巨大。1952年,厦门西港还有水面110平方千米,是开放型港口,往南经九龙江口出海,往北经浔江到东海域。周围强大的海洋环流基本可以把九龙江及陆地带来的泥沙带出港区,故厦门港得天独厚,具备天然良港的优势。1955年高集海堤建成,厦门西港成半封闭式港湾,港区水流也发生较大变化,成为往复式潮流;1956年杏林海堤建成,水域减少14.9平方千米;1957年马銮海堤建成,水域减少13.7平方千米。20世纪80年代以后,西港建设一系列码头,不断填海造陆蚕食海域,到20世纪90年代,西港水域缩小到52平方千米,只有20世纪50年代水域的47.27%。在1980年厦门岛地图上,虎屿、狗睡屿、中屿、象屿还是独立的小岛,现在都建成海天码头、象屿码头、石湖山码头,这些岛屿都成了厦门岛陆地的一部分了。近年来,海沧区建设也在大量填海造陆蚕食西港海域,如建设未来海岸、滨海大道等工程。现在厦门西港的水域更大大缩小。由于近几十年西港地理环境巨大变化,大大改变厦门港及周边海洋动力条件,使港区淤积速率加剧。

近年来,作为厦门重点建设的工业区、产业带、海港航运物流园区、高级住宅区,海沧加大开发力度。沿九龙江口北岸建设大型深水码头,环西海域建设滨海大道、未来海岸和梦幻海岸高级住宅区,等等。然而依然采用继续向海域扩张,填海造陆的老方法。这势必进一步影响到厦门周边的海洋动力条件。

厦门岛是中新生代深大断裂切割而成的断块岛,原来周围强大的潮流基本可以把九龙江及陆地来的泥沙带出港区,使港区达到不淤。从地球资源卫星照片上可以清楚看到,岛四周有一条深水带,使厦门具备得天独厚天然良港的优势条件。当高集海堤建成后,厦门岛成为人工"半岛",西港也人为地成为半封闭海湾。自从杏林湾、马銮湾、筼筜港、东屿湾等筑堤围堵,加上近几年因建设需要不断填海造地蚕食海域,厦门西港海域面积已从1952年的110平方千米缩小到现在的不足原来的一半水面,纳潮量大大减少,从而改变了厦门港周边的海洋动力条件,使厦门港潮流、余流发生明显变化。以前厦门港底层余流是向港区外的,有利泥沙迁移,而现在的底层余流则向港区内,不利泥沙从港区往外输送,加剧了港区淤积。西港纳潮量减少,退潮海水流速明显减慢,加速了由九龙江带来的每年250万吨泥沙悬浮物在港区沉淀堆积。据海洋调查资料:西港北部存在一个以宝珠屿为中心的逆时针环流,沉积速率7.3厘米／年;石湖山—高崎一带沉积速率达15.8厘米／年,已淤高6米;嵩鼓航道附近淤积速率也达10厘米／年,使进入东渡港的航道受到严重影响。此外,港区建设的填海造地工程因未先围堰,约有40%泥沙冲入海中,也加剧了海域淤积。

特别应该指出的,海沧滨海大道、未来海岸、梦幻海岸的建设,进一步侵占已经日益缩小的西港海域,把原东屿湾海域给填掉,把一大片红树林给围掉。而这一带正是《厦门市海洋功能区划》规定的红树林保护区、自然海岸保护区及生态修复区。海沧新区目前这样的建设态势,显然与《厦门市海洋功能区划》背道而驰。

自然地理环境是大自然经过千万年淘汰、选择所造就的。厦门岛和厦门港是地球内外营力共同作用,并经过长时间地质演化的产物,只能顺应自然规律去改造环境、利用环境。一旦破坏地理环境的自然规律,我们必将受到大自然的惩罚。填海造陆不仅缩小海域面积,改变厦门周边的海洋动力条件,海湾纳潮量减少,流速减缓,潮波类型改变,加快港湾淤积速度,严重影响海港寿命。同时海湾地理环境改变,使水体交换能力变差,加剧污染,导致赤潮频发。

西港原来以火烧屿—大兔屿、小兔屿、乌鸦屿—大屿,分成东、西两条航道,均可通航。而现在,随着港湾不断填海造陆,西航道基本成浅滩,或成陆地,无法通航。所谓的"厦门港",现在仅仅是火烧屿—东渡宽不足800米"瓶颈"似的东航道。这与"以港兴市",建设"国际性大港"的宏伟目标不太相称了。

许多专家学者不断呼吁，新区开发破坏海湾地理环境带来的恶果，再不可熟视无睹了！一个城市、一个地区的建设规划如果只顾眼前的GDP，是短视行为。应该有长远发展眼光，立足于可持续发展。倘若经济建设依然沿着向海扩张的老路走下去，我们今天填海建造滨海大道、未来海岸、梦幻海岸，那么明天厦门的未来海岸将会在哪里？我们要建设海湾型城市，厦门今后还拥有海湾吗？海洋是厦门最大的优势，也是厦门生存与发展的命脉。保护厦门自然地理条件优势，是摆在特区建设者面前的严肃课题。

开山拓地

厦门岛上陆续出土了一些新石器时代晚期的遗物，证实了距今三四千年前，已有古闽越族人生活在厦门岛上。

唐代中叶（750—780年），姓薛和姓陈的汉族人分别从现在的福安和漳州迁徙入岛，在洪济山下的西北面和西南面聚族而居。薛姓族人住地名薛岭，陈姓族人住地取名"陈寮"。到了南宋，厦门岛上的东西南北已遍布二三十个村庄了。

在城市建设方面，清康熙十九年（1680年）到鸦片战争前的150多年里，社会安定，农业、手工业迅速发展，国内外贸易繁盛。据地方志记载，清康熙三十六年至四十八年（1697—1709年）的13年间，厦门开辟山地、新建民房1415间，连同原有民房，共计16590间；雍正八年（1730年）至道光十一年（1831年）的102年间，又陆续新建民房2722间，连同原有民房，共计19312间（座、幢），按每间10平方米计算，房屋建筑面积达到19.312万平方米。而到光绪三十四年（1908年），市区房屋总面积达3.455平方千米，扣除河池洼地，实际面积仅2.934平方千米。

随着厦门海外贸易的兴盛，陈旧简陋的港口码头，既不适应对外交通的需要，又有碍观瞻。尤其是街道狭窄，房屋低矮，市容不整，店铺与民居住宅群的建筑十分杂乱。当时市区各处遍布沟涵潭窟，低洼湿地占地面积66万平方米。市内的一些溪、河、潭、池，大部分成为倾倒垃圾的场所。镇南关、麒麟山、虎头山一带，古墓新坟，荒冢废穴，纵横重叠，触目皆是。甚至房屋和荒冢交错为邻，如箭场仔、马仔石、顶大人、竹仔河、镇南关一带，而大王冢、傅厝墓、剖狗墓、大墓围、亭仔墓、白厝墓、池厝墓、青墓石灼等，都在市区民居密集之处。地处低洼的房屋，一阵大雨过后，街道和屋内立成泽国，如浸水埕（现局口横街地段）、霞溪仔（今霞溪路）、南天巷和中岸巷等处。市区和厦港区因中间隔着山峦，交通有水陆两条路线：陆路由竹仔河（今九竹巷）越过镇南关山（今思明南路鸿山寺一带）；水路由水仙宫渡头，搭乘小舟沿海边南下至料船头（今厦门港）渡口。市区与禾山的交通，也有水陆两线。涨潮时水路从新填地（今厦禾路西段）、帆礁（今第一码头）一带，乘小帆船筼筜港而上，可达江头；陆路从溪岸头出将军祠经坑内（今308油库附近）有一条古驿道，可骑马、乘轿或徒步往来。

伴随着商业的发达，市场繁荣，市政建设刻不容缓，因而改造旧市区，建设新城市提到议事日程。1920年春，开山填海、填池、填河造地，以改造旧城面貌。在开发土地的同时，同步进行城市规划和市政建设，兴建城市化的街道、楼房、商场、货栈和码头。

从1927年到1932年，是厦门首次土地开发的高潮。在先锋营一带开山挖坡，开发土地面积88144.1平方米；麒麟山一带整理山地，开发土地面积243577.6平方米；在福佑宫一带，开发土地面积13055.6平方米。总计开发土地30处，面积达1162187.8平方米。至此，加上原有土地面积2763330平方米，市区土地面积扩为4095517.8平方米（见表8）。

中山公园的园址用地也是开发的。1926年，厦门成立堤工处，由周醒南筹辟公园。经几次勘查，最终选定魁星河一带为园址，经征求各界人士意见，定名为中山公园。中山公园位于市区东北隅，东联蓼花溪、妙释寺，西抱魁星河至草埔尾，北靠溪岸，南沿靖山麓接旧兴泉永道署（厦门市图书馆），东西宽约320米，南北长约650米，面积达0.1335平方千米。1926年秋开始兴建，历时4年完成。1926年至1937年，为城建工程全面展开时期。

从1949年10月厦门解放到1981年10月厦门创建经济特区，虽然厦门处于海峡两岸长期军事对峙前线，城市建设土地开发工作一直没有停止过。在工业建设过程中，开发了大片的土地。在后江埭一带开辟工业区，沿筼筜港南岸滩地，通过填海造地，平整山地，开发可利用的土地，建成罐头厂、酿酒厂、化工厂、橡胶厂、电池厂、电机厂等企业，形成后江埭工业区。在20世纪50年代、60年代初，工业部门和建筑部门又共同开发由梧村经文灶至厦禾路东段、西段，不断把筼筜港南面浅滩填成陆地，建成第七塑料厂、第五塑料厂和卤化厂等轻工业工厂。到20世纪70年代，厦禾路西面，除原有的小学路、角尾路外，现有的后滨路、禾祥东路、禾祥西路、湖滨南路、湖滨东路东段等一大片土地，都是建设筼筜港开发的土地。

表8　1927—1932年厦门市土地开拓新区表

地名	新拓面积（m²）	工作状况	竣工年代	地名	新拓面积（m²）	工作状况	竣工年代
瓮菜河	23888.9	填河	1928	后江埭	307121.9	填海	1931
外海滩	72222.2	填海	1930	虎溪岩一带	38888.9	整理山路	1931
内海滩	109511	填海	1931	三峰山	21055.5	整理山路	1930
镇南关	46388.4	开山	1931	窟仔底	5444.4	填低地	1929
洗布河	15966.7	开山、填河	1931	大悲阁	9688.9	填水田	1929
大王冢	3555.6	开山	1930	第一段堤岸	17544.4	填海	1929
破布山	16366.7	开山	1931	第二堤坝岸	11166.7	填海	1931
深田内	27133.3	填水田	1930	第三堤岸	46022.2	填海	1929
深田外	17777.8	填低地	1930	第四堤岸	129944.3	填海	1931
麒麟山	36588.9	整理山路	1930	先锋营	5366.7	开山	1928
虎头山	12244.4	整理山路	1931	美仁宫	6277.8	开山	1928
白鹤岭	50288.9	整理山路	1931	厦门港	9288.9	填低地	1929
蜂巢山	61366.6	整理山路	1931	西边社	10188.9	开山	1929
粪扫山	2277.8	整理山路	1930	福佑宫	3366.7		1931
美头山	20866.6	整理山路	1931	龙船礁	24377.8	填海	1931

在火车站东面沿金榜山、文灶后延伸至将军祠，厦门港蜂巢山、不见天等地开山取石填筑筼筜港堤岸，这些地带也就开发一片新的土地。

同期，还在厦港赤岭山麓、白鹤路电台山、公园西门斗西路等地征用土地，迁移坟墓，拆迁民房，先后兴建华侨新村。自1950年至20世纪70年代，在五老峰、大南新区、白城、胡里山、虎头山、鸿山岭顶、万石岩、狮头山和太平山、深田外山坑、将军祠、金榜山、文灶、狐尾山和仙岳山等地带，陆续开拓土地，用以兴建学校、医院、工厂、营房、住宅、寺院以及风景园林区等。

  有人是这样形象地比喻厦门岛地理环境变迁的:"厦门岛越来越胖,山头越来越少。"由于不断向海域扩展填海造陆,厦门岛面积从20世纪70年代的123平方千米,到现在面积约有130平方千米。开山拓地又为城市建设的工厂、住宅区、道路增加建筑用地。但是这种做法也带来一些后果,不仅毁了一些风景名胜,同时由于开山取石、取土,破坏植被,造成水土流失、崩岩、滑塌等地质灾害。

厦门旧二十四景

厦门二十四景概述

　　厦门，是风景旅游城市。环境幽美，风光秀丽，绿色葱茏，风景如画，素有"海上花园"之美誉。厦门是一个小城市，陆域面积约1700平方千米，海域面积约300平方千米。厦门岛南北长13.7千米、东西宽12.5千米，面积约132.5平方千米；2018年全市户籍人口200多万人。但是，2018年厦门接待境内外游客达8000多万人。

　　大凡来过厦门的人，都无不为它旖旎的海岛风光所陶醉。厦门的魅力不依靠人工匠心雕琢，而是来自她天生丽质的自然景观底色。得天独厚的亚热带气候，清新纯净的空气，旖旎迷人的海岛风光，浪漫陶然的碧海蓝天。天然的美景、恬适的氛围、丰厚的人文资源，构成厦门魅力特色。厦门的风景地貌绚丽多姿，惟妙惟肖，千姿百态……

　　明朝诗人池显方用诗句形象地总结了厦门自然景观的特点："一城如花半倚石，万点青山拥海来。"这个"石"指的就是厦门独特的花岗岩风景地貌。

　　厦门的旅游资源丰富多彩，荟萃了岛、山、海、岩、洞、寺、园、木、楼、亭诸神秀。经过长期历史的积淀，逐渐形成著名的"大八景"、"小八景"、"景外景"等二十四景。

　　厦门二十四景的说法首见于清乾隆年间，分为大八景，小八景，景外景。古人给厦门岛一些风光古迹赋予诗意般的景名，汇总出这二十四个名景。它们就是：

大八景	洪济观日	筼筜渔火	五老凌霄	鼓浪洞天
	阳台夕照	虎溪夜月	鸿山织雨	万寿松声
小八景	金榜钓矶	白鹿含烟	金鸡晓鸣	龙湫涂桥
	天界晓钟	万石朝天	中岩玉笋	太平石笑
景外景	白鹤下田	寿山听蝉	宝山圣泉	紫云得路
	高读琴洞	石泉龙液	石笕飞泉	聿蜡灼天

厦门二十四景，或以岩石独特着称，或以山海奇观得名，或因名人古刹流传，丰富多彩，引人入胜。洪济山峭拔挺秀，山巅的云顶岩是厦门岛最高处，曙色熹微，登顶眺望，极目东海，紫霞苍雾间，旭日初升，金光潋滟，渲映波涛，瞬息万变，绮丽无比，因此有"洪济观日"之誉。气势磅礴的日光岩，从海面突兀而起，上接天风，下连大海，洞壑幽美，便有了"鼓浪洞天"名景。厦门岛南边海滨有五个山头峭岩凌空，时有白云缭绕、缥缥缈缈，如同五个阅尽沧桑的老人，故名"五老凌霄"。秀峭嶙峋的玉屏山南麓的溪边，古榕蟠曲，曲径通幽，幽岩邃壑，十五月光照映，景色幽绝，便有了"虎溪夜月"盛景。掩映林丛的"白鹿洞"，每当拂晓，洞内烟雾缥缈，所以有"白鹿含烟"的美名。思明南路的鸿山，由于特殊的地理环境，每逢降雨，出现雨丝交织的奇观——"鸿山织雨"。万石岩到处遍布大大小小、奇形怪状的花岗石，石浪排空，万壑云根，万窍玲珑，就有了"万石朝天"、"中岩玉笋"、"太平石笑"、"天界晓钟"、"紫云得路"、"阳台夕照"、"高读琴洞"等胜景。

厦门岛以钟宅湾—筼筜港为界，形成了西北和东南地貌景观完全不同的两部分。筼筜港北岸的狐尾山—仙岳山是呈北东向带状分布的火山岩，岩性主要为流纹质晶屑凝灰熔岩、流纹英安质晶屑凝灰熔岩及凝灰岩。也就是说这是一套陆相酸性、中酸性火山岩夹火山沉积建造。因此，厦门岛西北部分地貌景观，由火山岩构成的侵蚀—剥蚀低山丘陵，多呈浑圆状、坡度比较和缓、风化土层较深厚的小山丘，以及红土台地和海蚀阶地，很难见到自然流水的

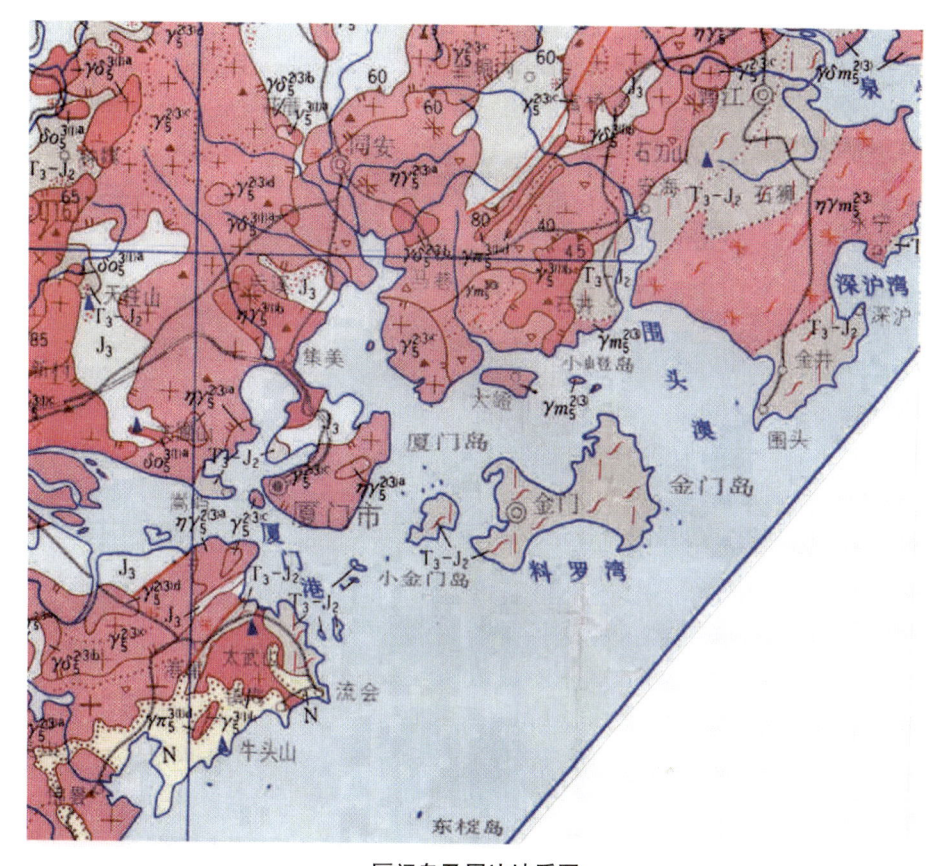

厦门岛及周边地质图

美好景象，很难形成自然风景区。

而厦门岛东南部分地貌景观则完全不一样，由花岗岩构成的构造—侵蚀高丘陵，基岩裸露，山势险峻陡峭。沟谷密度较大，流水侵蚀—剥蚀作用强烈，厦门岛历史上有过七池、八河、十三溪，基本上在岛的东南部分。因此，容易形成峭岩凌空、巨石嵯峨、流水淙淙风光旖旎的自然风景区。

厦门旧二十四景基本分布在厦门岛东南部分（"筼筜渔火"在筼筜港）。厦门2018年接待境内外游客8000多万人，也基本是到厦门岛东南部分及鼓浪屿花岗岩风景地貌区观光游览。

大八景

洪济观日 "留云洞古枕云眠,观日台高日见先。村落鸡声犹未遍,红轮早浴海中天。"洪济山的云顶岩是厦门岛最高峰,海拔339.6米。山上有"方广寺"、"留云洞"、"一片瓦"、"六月寒"、"星石"、"风动石"、"龙门"、"天际"等胜景,"龙门"相传宋朝文天祥保护幼主至此,见山势雄伟,巨石屹立,便题了"龙门"在附近摩崖上。不少名士均在壁上留诗题刻,其中有巨石上题"天际"二字,表示这里就在天边。凌晨登临云顶岩顶"观日台"可观日出奇景。地处绝顶,视野开阔,每当拂晓,登顶远眺东海,一轮红日喷薄而上,蔚为壮观。因此,被命名为"洪济观日",列厦门旧二十四景之大八景榜首。

孙煌画【大八景】洪济观日

旧时观日台(洪卜仁 供图)

洪济观日

厦门旧二十四景

今日欢腾的筼筜湖（叶清 供图）

筼筜渔火 "万顷筼筜水接天，夜来渔火出云烟。辉煌千点官浔外，明灭三更凤屿前。"筼筜港古时候港湾北岸多生长一种叫"筼筜"的大竹子，故名之。筼筜港从地质学上来讲是一个断陷港湾，由横贯厦门岛的筼筜港—钟宅湾断裂带形成的。旧筼筜港自厦门岛西海岸深入岛内5～6公里，直抵江头、金榜山。港湾盛产无鳔江鱼，秋冬夜捕，月黑之夜，一船一灯，倒映水中，摇曳飘忽，时明时灭，闪烁烁，景色奇丽。"满江渔火列筼筜"成一道奇美景观，令历代文人墨客赞不绝口，故有此称。

大八景之二
筼筜渔火
万顷筼筜水接天　夜来渔火出云烟
辉煌千点官浔外　明灭三更凤屿前
——清·蒋国梁

孙煌画【大八景】筼筜渔火

厦门文史丛书

|厦|门|绮|丽|山|水|

鼓浪洞天 "纵横四里环沧海，石洞开时别一天。鸡犬桃花云水外，更从何处问神仙。"日光岩又名晃岩，位于鼓浪屿的龙头山顶。海拔只有92.68米，但它拔地而起，巨石兀立，陡峭如壁，无论从厦门岛、海沧，还是从海上甚至龙海市，都可以看到它的雄姿。难怪诗人郭沫若第一眼看到它，便情不自禁赞叹："晃岩磅礴沐天风，屹立鹭江第一峰。"龙头山与厦门岛的虎头山隔鹭江相望，

鼓浪洞天

厦门旧二十四景

龙头寨水操台旧貌（洪卜仁　供图）

史称"龙虎守江"。日光岩是花岗岩风景地貌，奇石跌宕，别有洞天。地质构造作用造就龙头山岩壁、"九夏生寒"的岩巷；剥落下来的巨石叠合成洞壑，便有了"古避暑洞"。日光岩上还有当年郑成功的水操台、龙头山寨门等遗址。

"大八景"之三

鼓浪洞天

纵横四里环沧海，石洞开时别一天。
鸡犬桃花云水外，更从何处问神仙。
　　　　　　　　　清·蒋国梁

孙煌画【大八景】鼓浪洞天

闽海雄风石刻（白桦　供图）

阳台夕照

阳台夕照 "几树村烟锁乱鸦，晚峰落日衬流霞。阳台半作黄金色，烘遍山坡艳艳花。"阳台山在万石植物园的东北部，海拔192.8米。阳台山际原本黄沙一片，每当夕阳西下，余辉映沙，金黄耀眼，蔚为一派夕照奇观，遂得此景。阳台山最高处系一鸟首状巨石，日落之际暮树噪鸦，峦石流霞，赭黄沙土经夕照，山峦半作金黄色。山麓有巨石，其上刻有"阳台夕照"四个大字。明代郑成功曾在阳台山上建"羊角寨"，其遗址至今依稀可辨。

大八景之 四

阳 台 夕 照

几树村烟锁乱鸦，晚峰落日衬流霞。
阳台半作黄金色，烘遍山坡艳艳花。

孙煌画【大八景】阳台夕照

五老凌霄 "暮鼓晨钟落砚田,弦歌不断入香烟。黉宫古刹相邻比,儒释相濡教化缘。"厦门大学及名刹南普陀背靠的五老峰又称五老山。依次为钟峰(一峰)、二峰、中峰(三峰)、四峰、鼓峰(五峰),5个山头峥嵘凌空,山峰常有云雾缭绕,仿佛隐入霄汉,远远望去五峰酷似五个阅尽人间沧桑的长须老人。"五峰如五老,耸峙入烟霞",远远望去,五位老髯面天盘座,丛树若须,云雾似袖,凌空而立,翘首遥望茫茫大海。因此成为厦门大八景之一——"五老凌霄"。五老峰乃花岗岩构造地貌,山势雄伟,峭拔高峻。南普陀寺藏经阁石崖上,镌刻清朝佛门弟子振慧所书高4.7米、宽3.3米特大"佛"字,便是刻在天然地质构造面上——断层面或节理面。

五老凌霄

厦门文史丛书

厦｜门｜绮｜丽｜山｜水

五老凌霄旧貌（洪卜仁　供图）

南普陀寺方丈楼（白桦　供图）

八大景之六
五老凌霄
暮鼓晨钟落现田，弦歌不断入香烟。
黄宫古制相邻比，儒释相濡教化缘。
　　　　　　　　近代·林石椿

孙煌画【大八景】五老凌霄

万寿松声 "灵山神佛仲春多，万寿岩前络绎过。夹道松风声彻耳，翻疑清梵出林阿。"阳台山之东万寿路万寿宾馆附近。系1919年黄仲训的行楷直题"万寿松声"四个大字，又名山边岩。万寿岩上松柏苍郁，茂密成林，山风劲吹，松涛滚滚，发出啸声，如惊涛拍岸，非常动听。万寿岩的"松声洞"隐伏于翁郁松林中，古松高耸入云，若华盖状，清风过处，声如涛涌，故名"万寿松声"。景区尚有"圆通古洞"、"朝阳洞"及俞戚诗壁等名胜古迹。岩寺前有巨石一块，上刻"无量寿佛"四字，石洞岩戚继光的七言律诗两首。寺内有一古钟，系宋朝开宝六年铸造，明万历年间由外地移到万寿岩，现保存在南普陀寺内。

万寿松声旧貌（洪卜仁 提供）

万寿松声石刻

孙煌画【大八景】万寿松声

虎溪夜月 "东林寺到暮天秋,竹翠枫丹景倍幽。月色满溪寻虎迹,便无三笑也名留。"说起大八景之一"虎溪夜月",厦门知名度最高。景区在虎溪岩,与万石岩毗邻。空山幽谷,洞穴纵深,清泉成溪,松林蓊郁,古榕森森,藤萝摇缀。山坡、山谷巨石嵯峨,大若虎踞,小如羊蹲,形态各异,地貌学上属于典型石蛋地貌。"棱层洞"位居两块20多米巨石之间,犹如猛虎张开血盆大口之势,人们称之"虎石"。相传明万历年间,嘉禾人林懋时爱石成癖,自比"石痴",邀友出资到虎溪岩开山,朋友见工程难纷纷离去,他仍独自挖山不止,在一虎口形巨石之底挖出一个大洞,取名"棱层石室"。每当风高月夜,月光投射到巨石(虎石)上,犹如蠢蠢欲动的猛虎身影。尤其是月光透过树叶,光柱筛在虎石,那驳驳光斑更像是虎皮,清风徐来,叶影微拂,犹如虎背摇动一般,惟妙惟肖,历代文人雅士乐此不疲,留有不少摩崖石刻。每逢农历十五日,满月东升,月光照进虎洞,正好照在老虎头上,双目炯炯,形欲奔跃而起,十分神威,形成绝妙的"虎溪夜月"胜景。尤其中秋之夜景色绝佳,到虎溪岩观景赏月成为厦门各界人士的传统习俗。

厦门旧二十四景

虎溪岩旧貌（洪卜仁　供图）

虎溪岩寺

虎溪岩石刻

渐入佳境石刻（白桦　供图）

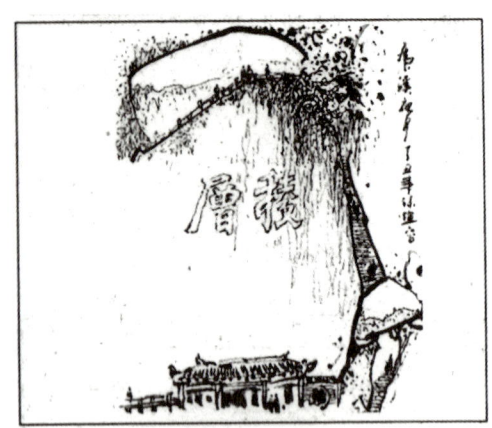

大八景之五
虎溪夜月
东林寺到暮天秋，竹翠枫丹景倍幽。
月色满溪寻虎迹，使无三笑也名留。
近代·江煕

孙煌画【大八景】虎溪夜月

鸿山织雨　"两山相夹势斜敧，来往纷纷客路岐。风雨骤来南又北，宛然织女弄机丝。"鸿山海拔99.2米，在厦门岛的众多峰峦中并不起眼。山上不仅保留有郑成功当年驻军兵寨"嘉兴寨"以及记载明天启二年（1622）厦门军民英勇抗击荷兰殖民者（红毛）的"攻剿红夷"的摩崖石刻，而且山腰有一处胜景——"鸿山织雨"。每当下雨，受山风海风共同影响，此处雨乘风势，雨丝相互交错，成纤织纹，成为厦门大八景之一。那么，鸿山为何能织雨？

鸿山织雨旧貌（洪卜仁　供图）

厦门旧二十四景

这与鸿山原始地理环境和地貌特征有关，是地势、气流、时令诸多因素综合影响的结果。鸿山靠近海，又发育典型石蛋地貌，山崖、山腰个别大石头形成一些小石巷（小山谷）。每逢风雨之际，在海风和山谷风共同作用下，造成风势回旋不定，雨随风转，乍东乍西，如穿梭巧织，蔚为壮观。古人有诗吟赞："谁向空中看织雨？天然机杼出云鬓。"因此，"鸿山织雨"遐迩闻名。

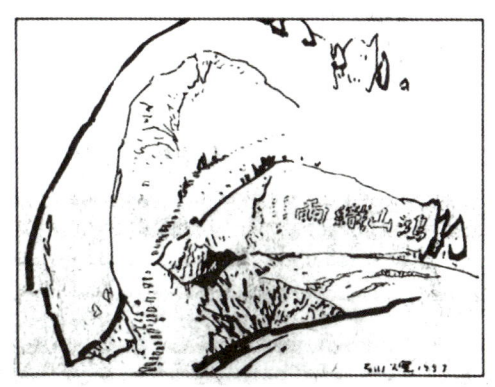

大八景之七
鸿山织雨
两山相夹势斜软，来往纷纷客路歧。
风雨骤来南又北，宛然织女异机丝。
清·蒋国梁

孙煌画【大八景】鸿山织雨

小八景

金榜钓矶 "陈场老子读书处，金榜山前石室中。人去石存犹昨日，莺啼花落几春风。藏修洞口云空集，舒啸岩幽草自茸。应喜斯文今不泯，紫

金榜钓矶

朱熹撰《金榜山记》（叶清　供图）　　　　　　陈黯石室（叶清　供图）

阳秉笔纪前功。"金榜山因"色黄如列榜"而得名，层峦叠嶂、奇岩嶙峋、流水鸟鸣、花香飘逸、满目葱茏。金榜山濒临旧筼筜港，为唐代文士陈黯隐居处。唐代文士陈黯，字希儒，少小聪慧，十岁能诗，负有不羁奇才。然而不知何因，赴考场十八次，皆名落孙山，心灰意懒，自号"场老"，所以金榜山又名场老山。遂遁入金榜山辟筑石室隐居，以致抱恨在筼筜港畔金榜山一块石头上垂钓，以娱晚年，垂钓于筼筜港，终殁于此。这块石头便是钓鱼矶，"金榜钓矶"从此闻名。陈黯还在山上筑楼，名"迎仙楼"，作为读书吟诗之所。宋朝朱熹到同安任"主簿"时，曾把陈黯诗词文赋编成五卷，并作了序。朱熹曾经游金榜山，作《金榜山记》，并在山间一块石头上镌下"海滨邹鲁"四字。"钓隐亭"旁、"迎仙楼"前面有一高十六丈的巨石，光洁如"玉笏"，挺立天际，威武庄严，傲视云天，成为金榜山的标志。

小八景之一
金榜钓矶
场老山空老颍川，石楼高筑号迎仙。
古松不见新罗种，只剩渔矶叠野田。
　　　　　　清·王步蟾

孙煌画【小八景】金榜钓矶

厦门旧二十四景

白鹿含烟旧貌（洪卜仁　供图）

白鹿含烟　"曾入匡庐寻白鹿，归来腊屐复登山。非关腰脚今犹健，风景依然爱此间。"

白鹿洞在虎溪岩背后。山多崩岩隧谷，明朝始建寺，清乾隆年间重修，增建三宝殿、朝天洞、六合洞和宛在洞，建有大观楼、衔山亭及佛殿僧舍等。居高远望，全岛风光历历在目。白鹿洞前原有一半月形小池，名"龙泉"，又名"琮玊争"。龙泉池上有石室，供奉朱熹，因朱熹曾在江西庐山白鹿洞讲学，此处便借名白鹿洞。白鹿洞寺三宝殿后的"宛在洞"中白鹿蹲伏状塑像，每当晨曦初现。白鹿洞寺附近云雾缭绕，洞内烟雾腾涌，仿佛从白鹿口中吐出一般，"山在虚无缥缈间"。"白鹿含烟"便成为厦门二十四景"小八景"之一。这种奇异自然现象与地理环境、地貌特征有关。究

白鹿洞旧貌（洪卜仁　供图）

其原因，白鹿洞寺所处外清山蕴涵丰富泉水，附近山麓、岩壑常有泉水流出，流水溅激，山峦湿度较大。加上这一带植被茂盛，明代万历年间名士翁起龙描述这一带自然环境时写道："曳屐登仙境，扳萝上绝巅。松高盘野鹤，风厚舞孤烟。云拥道中锦，岩飞石下泉。"白鹿洞内烟雾就是山林中的雾气，又名山岚。同时，白鹿洞地处外清山和鸿山的山坳，南面吹来的海风被鸿山阻挡，形成的山岚雾气不易受破坏，凝集不散。这里尚有明末"攻剿红夷"的摩崖石刻二处等。

孙煌画【小八景】白鹿含烟

金鸡晓唱 "东方欲白月初西，戒旦输音喔喔啼。自是栖身旸谷近，先声得彻一城鸡。"马垄山麓的金鸡亭寺，是一座三落两走廊的寺院。前供四大金刚，中供千手千眼观世音菩萨，后面是玉皇殿。左廊客堂，右廊僧舍。相传马垄社人掘地见一石鸡，乃于石鸡上建金鸡亭，亭前井上桔槔（闽南农村取水吊杆）。晨风每起，即自作鸣响，似雄鸡啼叫，附近的雄鸡随声一起啼叫报晓，整个厦门岛的雄鸡也全都跟着啼叫起来。故称之"金鸡晓唱"。

金鸡晓唱旧貌（洪卜仁 供图）

金鸡亭遗址

普光寺

小八景之三
金鸡晓唱
荒亭日落啼归鸟，大地尘昏云扰扰。
忆昔金鸡知中晨，一声高唱天初晓。
现代·江仲春

孙煌画【小八景】金鸡晓鸣

龙湫涂桥 "神工鬼斧说龙湫，虹带跨江但砌涂。风浪千秋桥不断，教人残雪笑西湖。"相传湖边社龙湫亭下有"龙洞"，泉水长流不息，绿泉喷涌，四季不涸。亭左有桥横跨溪流，桥纯为土质，厦门人称为"龙须土桥"。长约3米，宽、厚各约80厘米，桥下流水涓涓。相传很早以前有龙困在洞中，一天雷雨之际，雷声大作，龙滚身而出，

龙湫涂桥旧貌（洪卜仁 供图）

厦门小八景之四
龙湫涂桥
神工鬼斧说龙湫，虹带跨江但砌涂。
风浪千秋桥不断，教人残雪笑西湖。
佚名

孙煌画【小八景】龙湫涂桥

穿土成洞，啸腾以去。留下的"龙洞"、桥孔，便是龙潜伏及穿越之处。龙湫亭前后还有放生池及虎山塔。池边榕树苍茂，森然异常。向亭左走数十步，便是涂桥，为纯土质，厦门人称为"龙须土桥"。

天界晓钟 "偏师春尽渡澎湖，圣主初分海外符。鼙鼓数声雷乍发，舳舻百尺浪平铺。争传日下妖氛恶，那管天边逆旅孤。为道凯歌宜早唱，江南五月有莼鲈。"万石植物园南侧醉仙岩的天界寺，原名醴泉岩，俗称仙洞。据明代人倪冻在《醉仙岩记》中记载，最初有牧童在岩罅间发现一个大洞。后来被名士池显方发现洞内有泉流淌，味甘冽如醴酒，因名之为"醴泉"，称洞为"醴泉洞"。天界寺始建于明神宗万历十一年（1583年），原祀何氏九仙，为道家岩庙。清乾隆初僧人月松改建，奉三宝佛，始改称天界寺。因每天拂晓僧人要敲钟一百零八响，钟声悠扬激荡，声浪远播，扣人心弦，因而遐迩闻名，便有了"天界晓钟"之称。天界寺后

天界晓钟旧貌（洪卜仁 供图）

天界晓钟

小八景之五

天界晓钟

醉仙古寺入云遥，破晓霜钟落玉霄。
尘梦半醒声百八，发人深省上心潮。
佚名

孙煌画【小八景】天界晓钟

有两块巨石，一块上刻"仙岩"，一块上镌"天界"，远远望去，二块巨石宛如骆驼伏地，故醉仙岩又称"骆驼峰"。二石之间有段颇陡的蹬道，尽处就是"长啸洞"，两头贯通，长风呼啸，凉爽异常。洞壁刻有明代抗倭将领的征倭唱和诗。出长啸洞，上"旷怡台"，厦门市区以及远山近海，尽在眼里。黄日纪的诗句"海外青山山外海，凭高纵目气增豪"，说出了此处登高望远之妙。"长啸洞"有明代征倭诸将诗壁，还有"问仙路"、"仙迹石"、"仙浴盆"、"石棋局"等胜景。

万石朝天 "一句弥陀声传鹭岛，千年常住业绍庐山。"不少海内外游人游历了厦门所有风景名胜后，十分感慨地说："厦门最具魅力的地方是万石岩，没有人工雕琢的痕迹，奇景天成，令人拍手叫绝。"万石岩包容二十四景半壁江山，厦门最具魅力的地方是万石岩，万石岩最壮观的莫过于万石林立，绚丽多姿。无论山巅或谷底，万石累累，横竖倾斜，相倚重叠。有的危如累卵，有的稳如泰山，个个朝向蓝天。有的崩崖立石，幽岩邃壑。万石岩这种奇特地貌景观驰名中外，称为石蛋地貌（Pebbly landform），是花岗岩地区特殊的风化地貌之一。

风景游览区有493公顷（4.93平方千米），从烈士纪念碑到文曾路纵深数千米。范围包括阳台山、太平山、中岩山、半岭山、狮头山等。区内山峦绵延，巨石耸立，沟壑深邃，飞泉流涧，美不胜收。在旧厦门的二十四景中，有七大名景就分布在万石岩风景游览区内：阳台夕照、太平石笑、中岩玉笏、天界晓钟、万石朝天（万石锁云）、高读琴洞、紫云得路。除此之外，虎溪夜月、万寿松声、寿山听蝉、白鹿含烟、金榜钓矶、五老凌霄、白鹤下田、鸿山织雨、石泉龙液、石笕飞泉等名景就分布在万石岩风景游览区周边。

厦门文史丛书

| 厦 | 门 | 绮 | 丽 | 山 | 水 |

万石岩旧貌（洪卜仁　供图）

在岩巅石崖上，刻有"万笏朝天"四个大字。笏，古代大臣上朝拿的手板（奏板），封建王朝子民尊崇皇帝为天子，这漫山遍野林立的巨石，犹如千万个"笏"（奏板）朝天子呈奏，妙不可言也。每当云雾蒙蒙，又有"万石锁云"之称，镌有"锁云"处，相传是郑成功杀郑联处。岩麓还有"小桃源"、"象鼻峰"胜景。

万石莲寺（白桦　供图）

厦门小八景之六
万石朝天
千回百转径通幽,说法生公石点头。
万笏朝天何处是,木犀香里鹭门秋。
近代：江煦

孙煌画【小八景】万石朝天

中岩旧貌（洪卜仁　供图）

中岩玉笋　"勾住闲云伴岫巅，干霄玉笋自朝天。嶙峋瘦骨棱层立，半类枯禅半类仙。"万石植物园内的中岩寺在狮山太平岩与万石岩之间，据传常有鹧鸪栖息，故称"鹧鸪岩"，又称"中岩"。中岩寺有佛殿，供奉如来。附近有"将士亭"遗址，相传为悼念随施琅东进台湾在澎湖阵亡的将士而建，现尚存有石碑等。旁有一块亭亭玉立巨石，形如石笋，因得景名"中岩玉笋"。

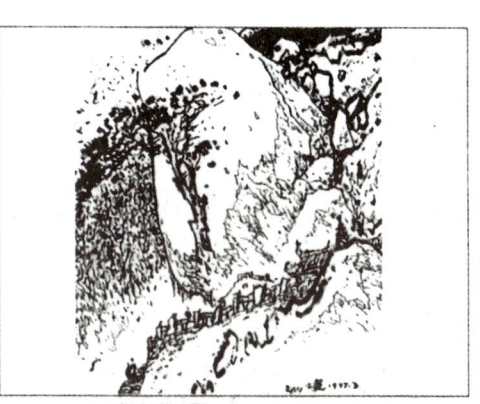

小八景之七
中岩玉笋

中岩地介两岩中，山径萦纡一线通。
行到寺门欢喜地，当前玉笋石凌空。
清·王步蟾

孙煌画【小八景】中岩玉笋

厦门文史丛书
厦 门 绮 丽 山 水

太平石笑（叶清 供图）

太平岩旧貌（洪卜仁 供图）

太平石笑 "极乐太平日，鹭江石笑嗔。笑中多少事，惟有不能言。"这就是著名的小八景之一太平岩的"石笑"，相传为郑成功读书处。由四块巨型花岗石相叠而成。上面两石一端互相贴合，另一端张开，酷似一开口大笑的奇观，与下面两石叠合形成一道天然石门。一条直通茶人之家和太平寺的曲径从中穿过。石门上镌有镌有一副对联："石为迎宾开口笑，山能作主乐天成。"

厦门小八景之八

太平石笑

石不能言笑口开，读书深处有苔苔。
草鸡莫问当年事，鲲海骑鲸去不回。

孙煌画【小八景】太平石笑

景外景

宝山圣泉 "瞻松寻石白云边,路转峰回古洞天。地落他家犹姓董,饮因帝子始名泉。寺静只缘无俗客,僧勤还自理春田。山中风景堪图画,鸡犬煦煦白昼眠。"梧村社的宝山岩又名"董内岩",岩侧有清泉一窍,相传南宋末年文天祥保幼主经过此处,掬泉而饮止渴,甚为清冽、甘美,赐号"圣泉",为厦门三大名泉之一。泉从地理学的概念是"地下水的天然露头","圣泉"是花岗岩裂隙水。又传社人吴善士掘山得宝,建寺供佛,称宝山寺,因而便有"宝山圣泉"之称。岩左为功德林,右为客厅,即"白云洞",野花散香,幽静雅逸。现寺宇已重建成阁楼式大殿,改名"紫竹林寺"。

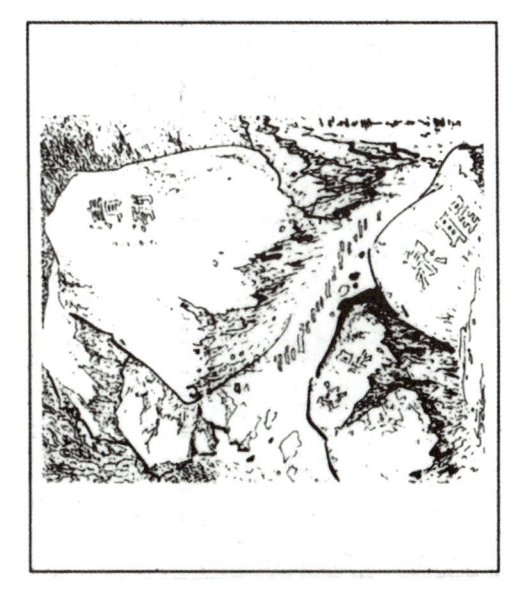

孙煌画【景外景】宝山圣泉

宝山圣泉旧貌
（洪卜仁　供图）

石泉龙液 "何年残骨结寒冰，剩有荒岩住老僧。汲水颇供禅后粥，卖泉初给佛前灯。潺湲昼夜无休息，元气淋漓自郁蒸。岛客品茶需汝甚，取携联络上崚嶒。"石泉岩在外清山，有石穴如门，泉流从中涌出，石上刻"磊泉"二字，侧刻"孤嶂何年留铁骨，寒泉终古结冰心"；附近又有一个"列泉"。泉水从穴中潺潺流出，水质清澈，石泉岩泉水清甘异常，称"石泉龙液"列景外景之一。据《厦门志》记载，厦门市民一向崇尚饮用石泉水，该泉水由附近白鹿洞寺和尚经营出卖，并发给"正石泉水"证明水单（见白鹿寺售石泉水石刻），"每取水一担，纳钱四文"。

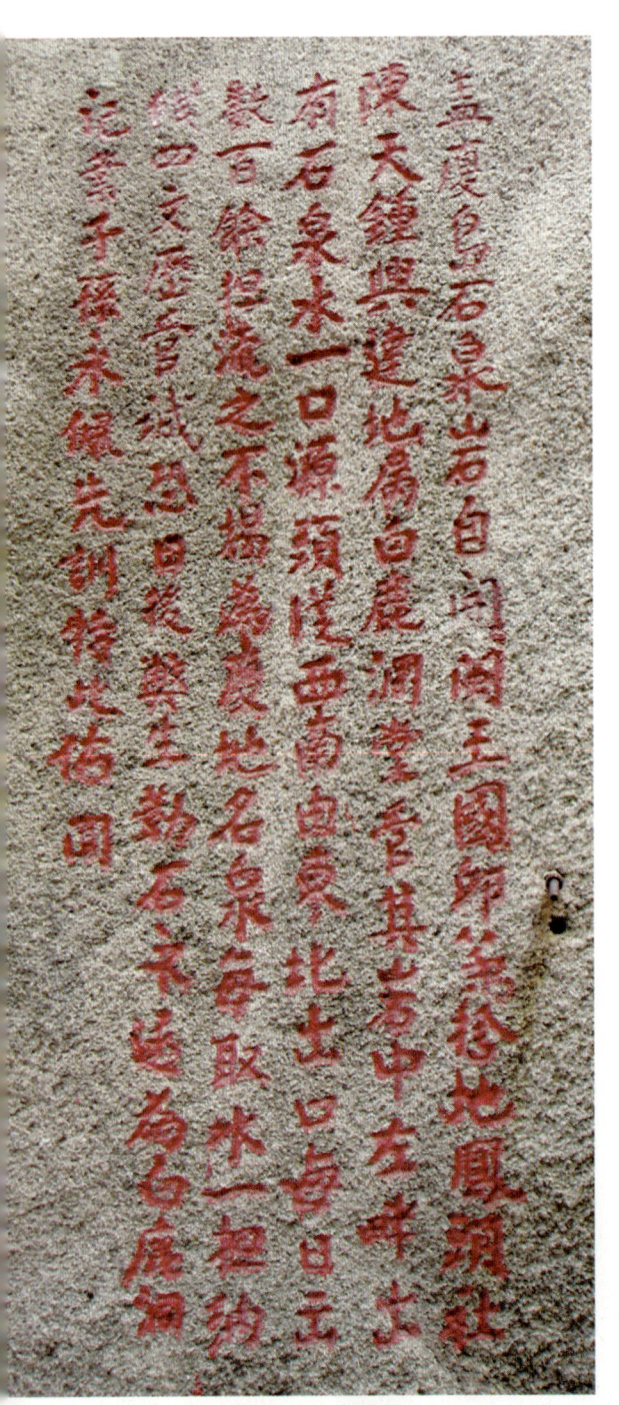

白鹿寺售石泉水石刻

景外景之六
石泉龙液
何年残骨结寒冰，剩有荒岩住老僧。
汲水颇供禅后粥，卖泉始给佛前灯。
潺湲昼夜无休息，元气淋漓自郁蒸。
岛客品茶需汝甚，取携联络上崚嶒。
清·黄莲士

孙煌画【景外景】石泉龙液

碧山飞泉 "丹枫如醉井梧秋，碎瓦颓垣动客愁。血色守宫都不见，空留迭嶂碧云浮。"五老峰古普照寺旁的碧泉岩，泉水从寺旁的石穴流出，巡司顶的碧山寺僧雾云琢石成沟，引泉流入石室，沟内泉水自上泻下，泉流如飞，颇为壮观。石上有李廷机题刻"碧泉"二字，林宗载二字题刻"飞泉"二字。故该泉称为"碧山飞泉"，又称"石笕飞泉"。

景外景之七
石笕飞泉

小小一禅寺，依山亦自幽。
泉声归涧碧，海色上林秋。
客到云为侣，僧闲鸟作俦。
凭栏遥晚望，极目大江流。
　　　　　　　　清·陈文铺

孙煌画【景外景】石笕飞泉

白鹤下田 "白鹤岩高白鹤飞，野云渡岭想依稀。流霞涧水今犹昔，不见仙禽傍晚飞。"白鹤岩侧两山伸展，宛若白鹤展翅，向下奋飞，故名之。

白鹤下田旧貌（洪卜仁　供图）

百家村的范围在白鹤路以南、虎园路以北、公园东路以东、文园西路以西。白鹤岩下的百家村原是一片水田，这里溪流交错，池塘相连，阡陌纵横，引来白鹤岭上白鹤飞入水田觅食，因此形成"白鹤下田"的美景。寻常巷陌、鸡犬相闻的生活画卷居然有如此的魅力。

孙煌画【景外景】白鹤下田

耸天蜡烛 "须能放光才称奇，伴君夜航风波里。"思明南路与镇海路交叉路口原有青墓山，又称石烛山，原来与鸿山、凤凰山、麒麟山相连。"山上有一石直峭，宛如蜡烛状"。据说每当夜深，船行海上，穷目远眺，石顶能放异光，故有"耸天蜡烛"之称。青墓山原是厦门岛一处墓园，墓园空气中常飘浮有机磷，众所周知有机磷和空气接触燃烧，天黑后便会发出异光，这就是人们常说的"鬼火"。青墓山上石头顶上附着这种有机磷，夜晚海上的航船上看见石顶能放异光，便不奇怪了。

【景外景】耸蜡灼天

厦门旧二十四景

紫云得路

紫云岩旧貌（洪卜仁 供图）

紫云得路 "览尽江山胜，紫云洞壑幽。籁从天际发，泉向耳边流。诗酒山中得，烟霞物外游。一声残照里，蝉噪报新秋。"位于万石植物园内的雨林世界的紫云岩位于醉仙岩东面，古榕参天，草木深秀，潺潺流水，绝年不绝，周围群山峥嵘，时有云雾缭绕，瞬息之间，气象万千，仿佛飘浮在茫茫烟海之中。此处道路蜿蜒崎岖，岩石横陈，车马不能前行，时有善人在樵溪上架石桥以让行人通行。清人郑光沂在危岩下刻"紫云得路"四字，既赞有路可走，又寓读书人循序渐进，前程美好之意。

厦门景外景之四
紫云得路

览尽江山胜，紫云洞壑幽。
籁从天际发，泉向耳边流。
诗酒山中得，烟霞物外游。
一声残照里，蝉噪报新秋。

清·张承榛

孙煌画【景外景】紫云得路

【193】

高读琴洞 "当年岛上读书处，石级连云青嶂头。纵目已观沧海阔，论心真觉此岩幽。经消史散风云冷，基断垣颓草树秋。兴废百年无复识，山花涧水日悠悠。"万石植物园雨林世界内的紫云岩高处，建有佛殿、放生池等。岩前洞中有一石如琴，便称"琴洞"，相传洞旁山麓为明末清初郑成功屯兵厦门时读书处——高读岩，故有"高读琴洞"之称。

孙煌画【景外景】高读琴洞

寿山寺旧貌（洪卜仁 供图）

寿山听蝉 "登临无定跡，每悟必依然。嶂远来帆际，苔深接寺前。似留栽竹地，聊咏浣花篇。夜半高谈静，客心恨屡牵。"虎园路附近的寿山岩，方位朝南，取"寿比南山"的美词而名。前往途中原有"半山塘"，且有座"半山寺"。寿山岩到处芳草青苔，环境寂静清幽。夏秋时节，在此独坐听蝉，那些"知了知了"的鸣声常令人不由自主心生感悟，有如远离尘世脱胎换骨一般，所以此处有联"山寿亦人寿，听蝉胜坐禅"。炎夏时节游人前往一坐，闹中取静，休闲纳凉，可谓是静心养气的好地方。这便是景外景之一的"寿山听蝉"。

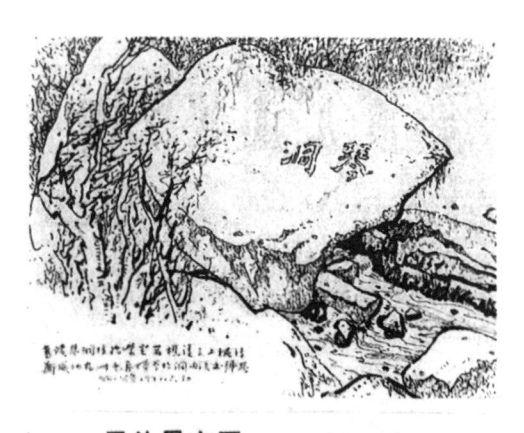

孙煌画【景外景】寿山听蝉

厦门旧二十四景今何在

厦门二十四景的来历和传说，不仅动听，而且很耐人寻味。随着时间的推移，有些景点地理环境基本保存下来，我们依然可以体会到原汁原味的名景内涵，如"洪济观日"、"鼓浪洞天"、"五老凌霄"、"万石朝天"、"中岩玉笋"、"太平石笑"。有些景点自然地理环境改变了，景点虽在，但内涵却完全不同，形成新的景观，如"金榜钓矶"、"鸿山织雨"，金榜山现远离筼筜港，当然也无法垂钓了。鸿山自20世纪30年代部分山石被开采、崩塌，山势、地貌的改变，使鸿山也丧失了"织雨"的功能。而筼筜港已成筼筜湖，渔船也不见踪影，名景就由"筼筜渔火"演变成"筼筜夜色"，内涵也完全不同了。

有些景点，由于地理环境发生变化，原有景观难以再现，也就被取消名景称号，最典型的当属"白鹿含烟"。白鹿洞原地处山腰，环境僻静，植被繁茂，流水溅激，湿度大，山岚雾气凝集不散，才有了"白鹿含烟"奇观。现在这里高楼林立，看不到岩壑间的清泉流水，

今日白鹿寺

虽然白鹿洞寺依旧，但是自然环境改变了，"白鹿含烟"景观也不再出现。

原厦门二十四景中有三个名泉入选，这就是"宝山圣泉"、"石泉龙液"、"石笕飞泉"（"碧山飞泉"）。"宝山圣泉"在梧村宝山岩，现属金榜公园景区。据《鹭江志》载，"有泉名圣泉，相传宋幼主尝掬饮之"。因为皇帝喝过，声名远播。"石泉龙液"在白鹿洞寺附近，据地方志记载，也是厦门最好的泉水，清澈透明，甘洌爽口，沏茶煮茗，香气特发。由于石泉水质好、流景少，人们视为上等珍稀泉水，并命名"石泉龙液"，由白鹿洞寺和尚专售，"僧取以售焉"，并发给"正石泉水"证明水单。"石笕飞泉"在厦港碧山岩，道光《厦门志》载，"碧泉岩，去城南四里许，与普照寺相近，一名石室寺。泉从石罅出，寺僧琢石为沟引之。石室旁巨石，李廷机

镌'碧泉'二字。又有草书'飞泉'二字"。但是这些名泉现在名存实亡，不是断流，就是景废。究其原因，这三个名泉均属花岗岩裂隙水，花岗岩本身渗透性能差不能储存水，但是花岗岩一旦遭受地质构造破坏产生断层破碎带，就可以含水，这种水往往是优质饮用水和矿泉。地下水在含水层自由流动，并在某地表露头成泉。但必须具备这样地质条件：含水层与隔水层组成储水构造，没有隔水层的屏障作用，地下水流动过程未到达露头处便全部漏光了。近几十年来，三大名泉周边由于"备战"需要，山体内人防坑道纵横交错，或开山修路、盖楼，一系列爆破引起山体花岗岩开裂，原本不透水岩体透水，泉水便在山体内泄漏光了，这就是人们常说的断了"龙脉"。往昔地理环境面貌全非，千百年来泉水生成自然环境地质条件遭到严重破坏，造成名泉不再流淌。因此，它们便都被从厦门新名景的名单中淘汰出局。这个简单浅显的科学道理，遗憾的是并非人人都认识。

除此，还有些名景已经湮没在高楼大厦，不见其踪迹，如"耸蜡灼天"、"龙湫涂桥"、"金鸡晓唱"、"白鹤下田"、"寿山听蝉"……

"耸蜡灼天"，思明南路现在的千禧海景假日大酒店处，原有一座青墓山，又称石灼山或紫云山。山上有一巨石状如蜡灼，民间相传，每当夜晚大船进入厦门港航道时，可以看到石上光焰照天，故名"耸天灼蜡"，景点便称"耸蜡灼天"。经专家考证，巨石顶能发光，原因是此处置放不少死人骨瓮，骨中的磷散发出来，随风飞出，白天看不见，夜间磷火闪光如同火焰。自20世纪50年代，青墓山为厦门主要的花岗岩石料场，历时30多年的开采，后来又建起海景假日大酒店，名景"耸蜡灼天"便彻底废了，但高耸的海景大厦便是一支现代化"耸天蜡灼"。

昔日耸蜡灼天遗址——海景大酒店

部分厦门旧名景，由于时过景迁，或被废，或消失，退出名景的行列，淡出人们的视野。"龙湫涂桥"，原禾山镇湖边社虎仔山麓有一个龙湫亭（龙须亭），亭下一个洞叫"龙洞"，清泉喷涌，四时不涸。周围榕树枝繁叶茂，森郁葱茏，景色宜人。龙湫亭不远处有座涂桥，厦门人俗称"龙须土桥"，桥下流水潺潺。传说很久以前，有一条龙被困这里的溪涧，忽一日，雷雨交加，龙滚身出涧，穿土成洞，啸腾而去。龙穿之处，就是涂桥桥洞。这就是名景"龙湫涂桥"。龙湫亭毁于炮火，湖边社一带如今已辟为工业区，原来景观不复存在。

"金鸡晓唱"，"金鸡晓唱"则来自民间传说：很久以前，厦门岛上马垄社人在马垄山麓掘地时，得到一只金鸡，便在那里建了金鸡亭。金鸡亭前本来有一口井，井上一座桔槔（即吊水杆），每当晨风一吹，会发出呼呼音响，这时附近的公鸡便随声啼叫报晓，整个厦门岛的公鸡也全部跟着啼叫起来。这便是"金鸡报晓"名景的由来。金鸡亭（寺）在莲前大道中部北侧马垄山麓，寺庙建于明初，20世纪90年代重建，恢复清代"普光寺"之称。随着城市建设，这一带是厦门新住宅小区，旧景观不复存在。加上岛内禁养家禽，人们再也听不到报晓的鸡鸣，只留下这段动人的传说令人回味。

金鸡晓唱新景

"白鹤下田",清代诗人王步蟾有诗云:"白鹤岩高白鹤飞,野云渡岭想依稀。流霞涧水今犹昔,不见仙禽傍晚飞。"白鹤岭在百家村后的白鹤路一带,东临深田路。有一说,早时白鹤常栖息岩上,故名;另一说,是山岩形似白鹤,岩旁边两山伸展,如白鹤展开双翅,翩然而下,故景名为"白鹤下田"。"田"即深田路一带,原来是一片田园,如今这里是厦门一中校园及居民住宅区。原有景观荡然无存,难怪近代诗人江煦会发出这样的感叹:"谁乘白鹤飘然去,剩有丹岩阅古今。怪底苍松无觅处,举头空望白云深。"

"寿山听蝉",寿山岩在虎园路附近,以其地处城与山之半途,又名半山堂、半山寺。由于这里过去林木蔽日,草葺苔深,每逢夏秋之际,蝉鸣之声不绝于耳,如同大自然的交响乐。古往今来,听蝉咏蝉是文人雅士主要题材之一。此景便美其名曰"寿山听蝉"。如今,随着现代化建设,这里白鹭宾馆等建筑群拔地而起,已经领略不到当年听蝉的雅趣和自然风貌。

今日深田路

今日白鹭宾馆

附 录

日光岩海蚀地貌

石蛋地貌——日光岩古避暑洞

厦门绮丽山水的由来
——厦门岛风景地貌的特征

2013年1月17日，厦门市第十四届人民代表大会第二次会议上提出，大力推动建设"美丽厦门"战略规划。缔造美丽厦门是我们城市的梦想，也是中国梦在厦门的生动实践。目的是要提升厦门城市的品位，提高厦门人民的生活品质和幸福指数。

厦门的美来源于自然天成的景观。大凡来过厦门的人，都无不为它旖旎的海岛风光所陶醉。厦门的魅力不依靠人工匠心雕琢，而是来自它天生丽质的自然景观底色，即得天独厚的亚热带气候，清新纯净的空气，旖旎迷人的海岛风光和浪漫陶然的碧海蓝天。天然的美景、恬适的氛围、丰厚的人文资源，构成厦门魅力特色。厦门的风景地貌绚丽多姿，有惟妙惟肖的海蚀地貌，也有危如累卵的石蛋地貌。

厦门之美自然天成

厦门市是一个中小城市，六区陆域总面积约1699平方公里（2011年），只有泉州市的八分之一、漳州市的十分之一。其中厦门岛面积约132.5平方公里。截至2011年厦门市常住人口361万人，其中户籍人口185.26万人。但是，厦门（主要是厦门岛及鼓浪屿）2012年接待的国内外游客达4016万人次（福建省2012年全年接待游客16703.8万人次，厦门约占四分之一）。也就是说，平均每个厦门人一年要接待20多个外来游客，厦门岛平均接待约30万人/平方公里·年。譬如鼓浪屿面积才1.87平方公里，而2012年接待1136万人，仅国庆黄金周便接待72.14万人（10月3日一

厦门绮丽山水的由来——厦门岛风景地貌的特征

天上岛人数竟达 12.38 万人）。厦门就是依靠天成的自然景观、绮丽山水吸引着大量国内外游客的，使它位列全国最有人气的风景名胜区之一。

厦门是我国东南沿海美丽的城市。阳光、海水、沙滩、绿色、空气，被人们誉为当今世界最吸引游客的旅游五大要素，而厦门全部占尽。融碧海、蓝天、青山、绿树、怪石、岛礁、沙滩等胜景于一身。尤其各种花岗岩风景地貌更令人赏心悦目。可以说厦门是以山姿海韵为特色的国家级的风景园林城市。如果说失去海，厦门将失去三分之二的美，那么千姿百态的花岗岩风景地貌则是厦门岛的灵魂。

依山傍海，山色与海景交融。山助海势，海显山威，厦门自然景观的这一特色在全国是少有的。清澈湛蓝的海水，细柔洁白的沙滩；气势磅礴的日光岩，从海面突兀而起；峭岩凌空的五老峰，白云缭绕，缥缥渺渺；巨石嵯峨的虎溪岩，险峻峭拔，奇景天成；巧石玲珑的万石岩，石浪排空，湖光山色；有"洪济观日"胜景的云顶岩，为厦门岛诸峰之冠，立于紫涛苍雾间。还有汇集各种类型千姿百态、惟妙惟肖的海蚀地貌，形态各异，妙趣横生，真是令人赏心悦目，美不胜收……

那么是谁雕塑了厦门绮丽绝伦的山水呢？是千百万年地球内外营力共同作用创造出来的，是"上帝借助大自然之力"雕塑这样美不胜收的风景地貌，留给我们这份宝贵的天然遗产。地貌形成的地球内部产生的力量，如岩浆活动、火山喷发、地壳运动，称为内营力（endogenic force）。另一种是地球外部产生的改变地表形态的力量，如风化、重力崩塌、侵蚀（包括海蚀）、搬运及堆积作用，称为外营力（exogenic force）。

厦门岛风景地貌分布特征

了解厦门旧二十四景的人都知道，二十四景除"筼筜渔火"，都分布在厦门岛东南部分。

厦门岛以钟宅湾—筼筜港为界，形成了西北和东南地貌景观完全不同的两部分。厦门岛大小山头 103 座，有 13 座超过 200 米的低山，其中 12 座在钟宅湾—筼筜港以南，钟宅湾—筼筜港北岸只有仙岳山 1 座（212.7 米）。

筼筜港北岸的狐尾山—仙岳山是呈北东向带状分布的火山岩，岩性主要为流纹质晶屑凝灰熔岩、流纹英安质晶屑凝灰熔岩及凝灰岩。也就是说这是一套陆相酸性、中酸性火山岩夹火山沉积建造。因此，厦门岛西北部分地貌景观，由火山岩构成的侵蚀—剥蚀低山丘陵，多呈浑圆状、坡度比较和缓、风化土层较深厚的小山丘，以及红土台地和海蚀阶地，很难见到自然流水的美好景象，很难形成自然风景区。

而厦门岛东南部分地貌景观则完全不一样，由花岗岩构成的构造—侵蚀高丘陵，基岩裸露，山势险峻陡峭。沟谷密度较大，流水侵蚀—剥蚀作用强烈，厦门历史上有过"七池、八河、十三溪"也基本上在厦门岛东南部分。因此，容易形成峭岩凌空、巨石嵯峨、流水淙淙风光旖旎的自然风景区。厦门岛东南部分也成为国内外游客最多光顾的地方。

风情万种的石蛋地貌

厦门岛东南部大面积出露花岗岩基岩，由花岗岩形成一大批山势雄伟的高丘陵，如云顶岩、西牯岭、五老峰、洪脊山、金山寨山。花岗岩是岩浆在地下慢慢冷却凝固而成的岩石，是由于构造运动，地壳上升，才从地下升上来露出地表的。由于地壳运动以及风化剥蚀作用，形成花岗岩地区特殊的风景地貌——石蛋地貌。

石蛋地貌（Pebbly Landform）是厦门岛最常见的地貌景观。无论是著名的鼓浪屿菽庄花园巧夺天工的枕流石和日光岩九夏生寒的古避暑洞，万石岩、虎溪岩"棱层"石，还是万石岩风景区奇巧的"石笑"、"万石朝天"、"中岩玉笋"、虎溪岩"棱层"石，以及金山风景区的危如累卵的"磊石摩天"、稳如泰山的"观音驯猴"、肖形奇绝的"灵鳌探海"，还有"金山石谷"、"海誓山盟"、"沧海云石"、"高山景行"、"蟠桃洞"等景点，无不表现出石蛋地貌的气势磅礴、恢宏壮观。无论山巅或谷底，万石累累，横竖倾欹，相倚重叠，奇景天成，绚丽多姿，出奇入胜，都令人叹为观止，构成一幅厦门美轮美奂的立体风景画。当你步入石蛋地貌景区，犹如进入一个神奇的石海洋，眼前豁然开朗，崖岩峰峦，千岩竞秀，万石争雄。山水旖旎，风光清丽，到处水声淙淙，泉流如练逶迤，穿行幽谷，好一派世外桃源境界。纷至沓来的游人，穿石谷，钻石洞，入石室，探石穴，越石涧，别有一番情趣。

虎溪岩是太平山和外清山之间的山谷，是典型的花岗岩构造沟谷。与河流水系的冲沟较开阔、平坦不同，构造沟谷比较陡峭、幽深。虎溪岩与万石岩毗邻，因此石蛋地貌也十分发育，山坡、山谷巨石累累，大若虎踞，小如羊蹲，形态各异。

厦门绮丽山水的由来——厦门岛风景地貌的特征

石蛋地貌是花岗岩地区特殊的风化地貌之一。石蛋者，乃滚石也。花岗岩在岩浆冷凝过程以及后期的构造运动中，都会使岩石产生各个方向的构造节理和裂隙，从而把岩体分割成大小不等的块体。由于水、空气及各种微生物长期侵蚀作用，产生由表及里、层层分化剥离，形成无数大小滚石（石蛋）。这种作用称为球状风化（Spheroidai weathering）。在重力作用下石蛋从山顶、山坡滚落下来，堆放在山麓或谷底，从而构成石蛋地形。

千姿百态的海蚀地貌

向来以绮丽的自然风光闻名遐迩的厦门，令多少中外游客为之倾倒，而千姿百态的海蚀地貌更为这个海上花园锦上添花。这些海蚀地貌有的似仙人，有的似动物，有的似蘑菇，形态各异，惟妙惟肖。

海蚀又称浪蚀，是携带沙砾的海水、海浪对陆缘岩石产生磨蚀、冲蚀，同时海水对岩石也会产生化学溶蚀作用，即海蚀作用。于是便形成各式各样的海蚀崖、海蚀台、海蚀柱、海蚀洞等海蚀地貌。

凡是到南普陀寺的游客，都乐意去钻"钱孔"，据说能给人带来好运气。鼓浪屿美华海滩西边，有块中间有一溶洞的奇特礁石，传说当年因风浪冲击洞穴发出"咚、咚"酷似敲鼓的声响，便称之"鼓浪石"，小岛因而得名鼓浪屿。"钱孔"和"鼓浪石"都是花岗岩经过海蚀作用创造出的作品，地质学称作海蚀洞（sea care）或海蚀穴。

作为海岛，厦门海蚀地貌比比皆是。日光岩的"仙脚桶"、"仙脚迹"便是海蚀作用的产物。何厝虎仔山的"象石"犹如巨象伸出硕大的鼻子，这是海蚀柱。曾山上的"观音石"和"鹰石"，观音山"石塔"，高刘山天柱、兔仔山趣味盎然的兔形海蚀柱，以及金榜山的金榜钓矶和玉笋石等，或巍峨挺拔，或肖形多姿，都是大自然神奇造化的海蚀地貌。连厦门岛最高峰的云顶岩同样有海蚀作用创造的奇特景观。

值得一提的是，与日光岩毗邻的鸡母山，一块肖似巨型母鸡的20～30米石崖。高高的头冠，锐利的喙部，凹凸不平的耳鼓清晰可辨。其形其态，威风凛凛，惟妙惟肖，栩栩如生。配以蓝天白云，绿树碧草，景色十分壮观。近年来已经以巨石为主体开辟为鸡山公园。当人们为它秀丽飘逸的丰姿天韵所陶醉时，谁又会想到鸡母山这只巨型"母鸡"竟是花岗岩形成的海蚀崖。

位于环岛路上的"金山松石景区"颇负盛名。巨岩怪石，千姿百态，林木苍翠，松声涛涛。金山可以说是一步一景，目不暇接，令人流连忘返。金山景区最难得的是荟集各种花岗岩风景地貌。当我们跨进景区，一眼就看见天造地设的一只巨靴擎托苍天，真是形象逼真，惟妙惟肖。这就是金山著名的"金靴托天"景点。在这只巨大靴子上我们看到往昔岁月留下的海蚀痕迹。大自然巧制的这一石景，其实是一种叫海蚀柱的地貌景观。除此，还有"圣手春晖"、"龙首潮音"、"金山猿人"等海蚀地貌景点。金山海蚀地貌景观不仅景致独特极富观赏价值，令人赏心悦目，拍手叫绝，犹如一批精美绝伦的艺术珍品，同时还蕴含十分丰富的自然科学奥秘。山岩多胜概，金山独称奇。

千姿百态的海蚀地貌，为厦门山水增添几分媚态。大自然为厦门留下这片灵秀绚丽的山水胜景，是我们宝贵的财富。海蚀地貌使鹭岛山水分外妖娆。

或许有人会疑问，海蚀地貌既然是海浪造就的，今天的鸡母山海拔66.1米，距海边近1000米，无论如何海浪打不到。更不用说厦门岛最高峰云顶岩。其实这都是地壳上升的结果，使原来岸边的岩石逐渐离开海面到达今天这个位置。海蚀地貌不仅向我们展示赏心悦目的自然风光，还向我们提供厦门沧桑变化的证据。

厦门不少地貌景观尚处在未开发的状态，如果合理开发利用，是厦门发展观光旅游、科普旅游一笔丰富资源。借鉴开发金山风景地貌景观的成功经验，把那些淹没在荒山碎石、泥土中的景观石头清理出来，才有了今天的"金靴托天"、"磊石擎天"、"蟠桃献瑞"、"圣手春晖"等景点。

厦门旧二十四景今何在

早在二百多年前，人们通过审美观给厦门岛一些风光古迹赋予诗意般的景名，经过长期历史的积淀，逐渐形成著名的"大八景"、"小八景"、"景外景"等二十四名景。荟萃了岛、山、海、岩、洞、寺、园、木、楼、亭诸神秀。它们就是，大八景：洪济观日、筼筜渔火、五老凌霄、鼓浪洞天、阳台夕照、虎溪夜月、鸿山织雨、万寿松声。小八景：金榜钓矶、白鹿含烟、金鸡晓鸣、龙湫涂桥、天界晓钟、万石朝天、中岩玉笋、太平石笑。景外景：白鹤下田、寿山听蝉、宝山圣泉、紫云得路、高读琴洞、石泉龙液、石笕飞泉、耸蜡灼天。

厦门这二十四景，或以岩石独特著称，或以山海奇观得名，或因名人古刹流传，丰富多彩，引人入胜。洪济山峭拔挺秀，山巅的云顶岩是厦门岛最高处，曙色熹微，登顶眺望，极目东海，紫霞苍雾间，旭日初升，金光潋滟，渲映波涛，瞬息万变，绮丽无比，因此有"洪济观日"之誉。秀峭嶙峋的玉屏山南麓的溪边，古榕蟠曲，曲经通幽，幽岩邃壑，十五月光照映，景色幽绝，便有了"虎溪夜月"胜景。掩映林丛的"白鹿洞"，每当拂晓，洞内烟雾缥缈，所以有"白鹿含烟"的美名。思明南路的鸿山，由于特殊的地理环境，每逢降雨，出现雨丝交织的奇观——"鸿山织雨"。万石岩到处遍布大大小小、奇形怪状的花岗岩石蛋地貌，石浪排空，万壑云根，万窍玲珑，就有了"万石朝天"、"中岩玉笏"、"太平石笑"、"天界晓钟"、"紫云得路"、"阳台夕照"、"高读琴洞"等胜景。厦门二十四景的来历和传说，不仅动听，而且很耐人寻味。

　　随着时间的推移，有些景点地理环境基本保存下来，我们依然可以体会到原汁原味的名景内涵，如"洪济观日"、"鼓浪洞天"、"五老凌霄"、"虎溪夜月"、"万石朝天"、"中岩玉笏"、"太平石笑"。譬如，"虎溪夜月"境界依然如故，在厦门旧二十四景中，与万石岩毗邻的虎溪岩更是蒙着一层神秘的面纱，至今保留较好。"虎溪夜月"奇景不是随时随地可以领略，风高月夜，万石峥嵘，洞穴玲珑，虎影摇曳，空山幽谷，几分神奇，几分诡秘，妙不可言。它的形成不仅与天时有关，同时还与所处地理位置、地貌特征密不可分。

　　有些景点自然地理环境改变了，景点虽在，但内涵却完全不同，形成新的景观。譬如"金榜钓矶"、"鸿山织雨"，虽然景点仍在，然而，现今既不能垂钓，也不能"织雨"。而筼筜港已成筼筜湖，往昔打渔船不见踪影，周边是车水马龙的闹市区，名景就由"筼筜渔火"演变成"筼筜夜色"，内涵也完全不同了。

　　有些名景早已湮没在高楼大厦之中，不见其踪迹。如"耸蜡灼天"、"龙湫涂桥"、"金鸡晓唱"、"白鹤下田"、"寿山听蝉"……

原载《厦门科技》2014年第1期

厦门地理环境的变迁
——从地图看厦门岛的沧桑巨变

这是从清朝道光年间至现在（1839年、1900年、1963年、1980年、2010年）的5幅厦门岛地图（图1—图5）。从这五张厦门岛不同时期的地图，我们不难发现，在170年里，厦门岛发生了沧桑巨变。

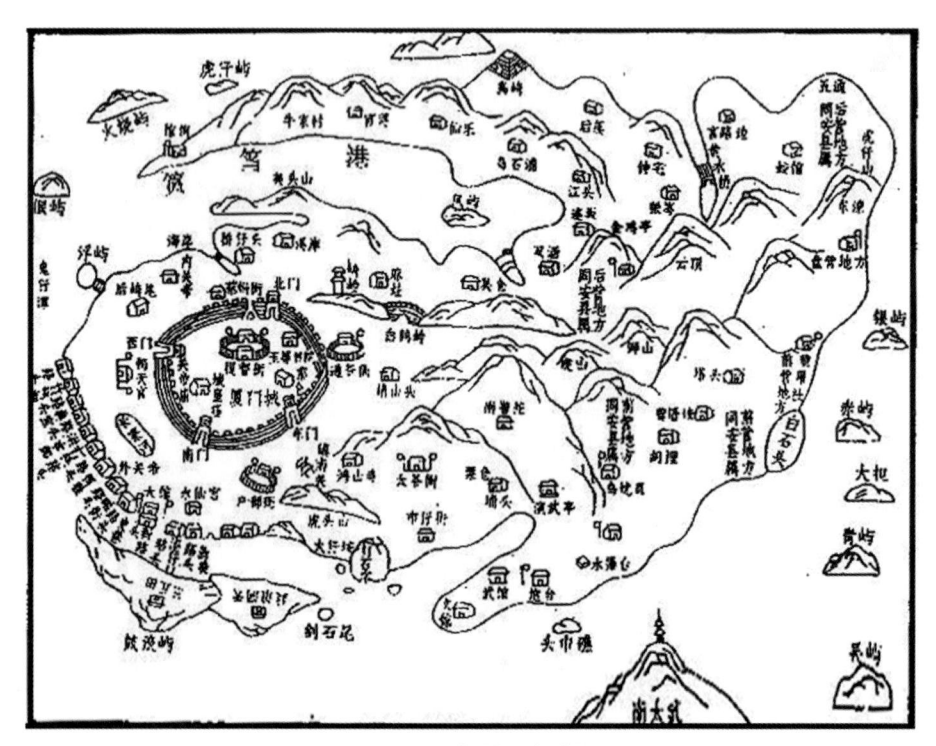

图1　1839年厦门岛地图

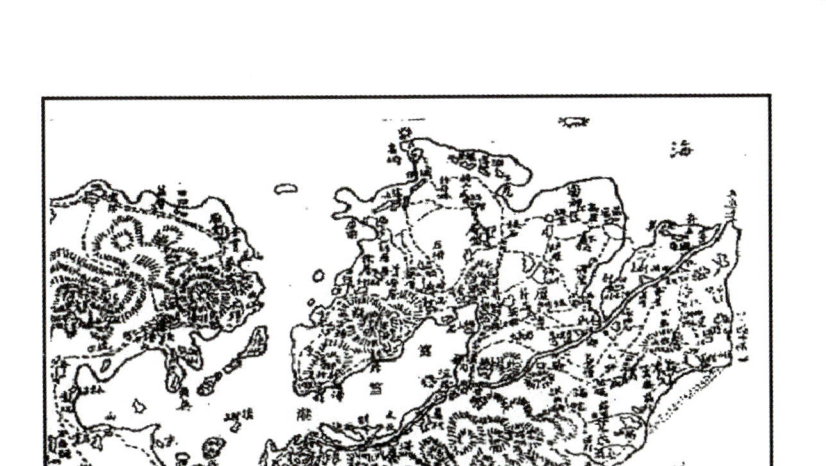

图2　1900年厦门岛地图

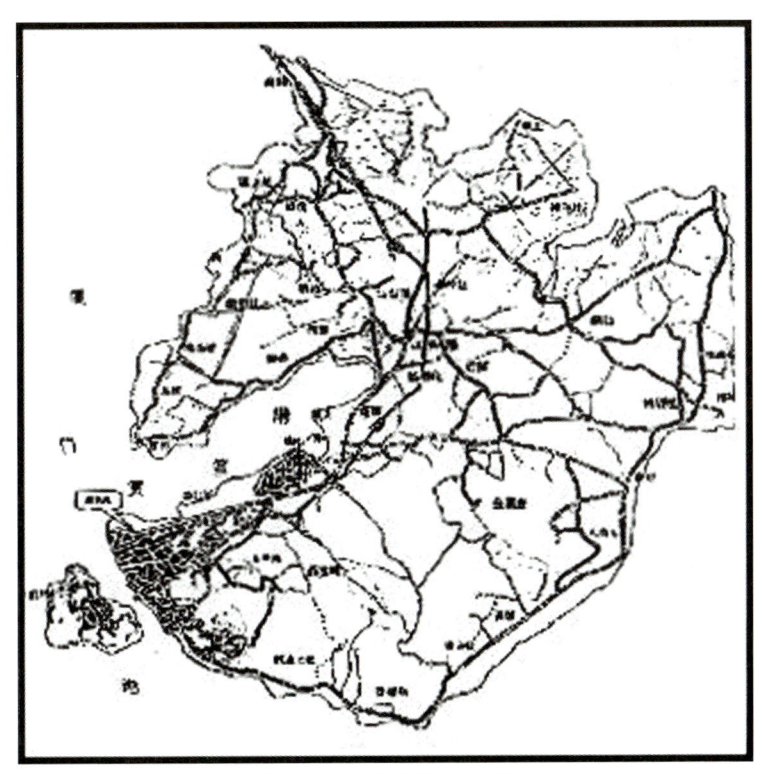

图3　1963年厦门岛地图

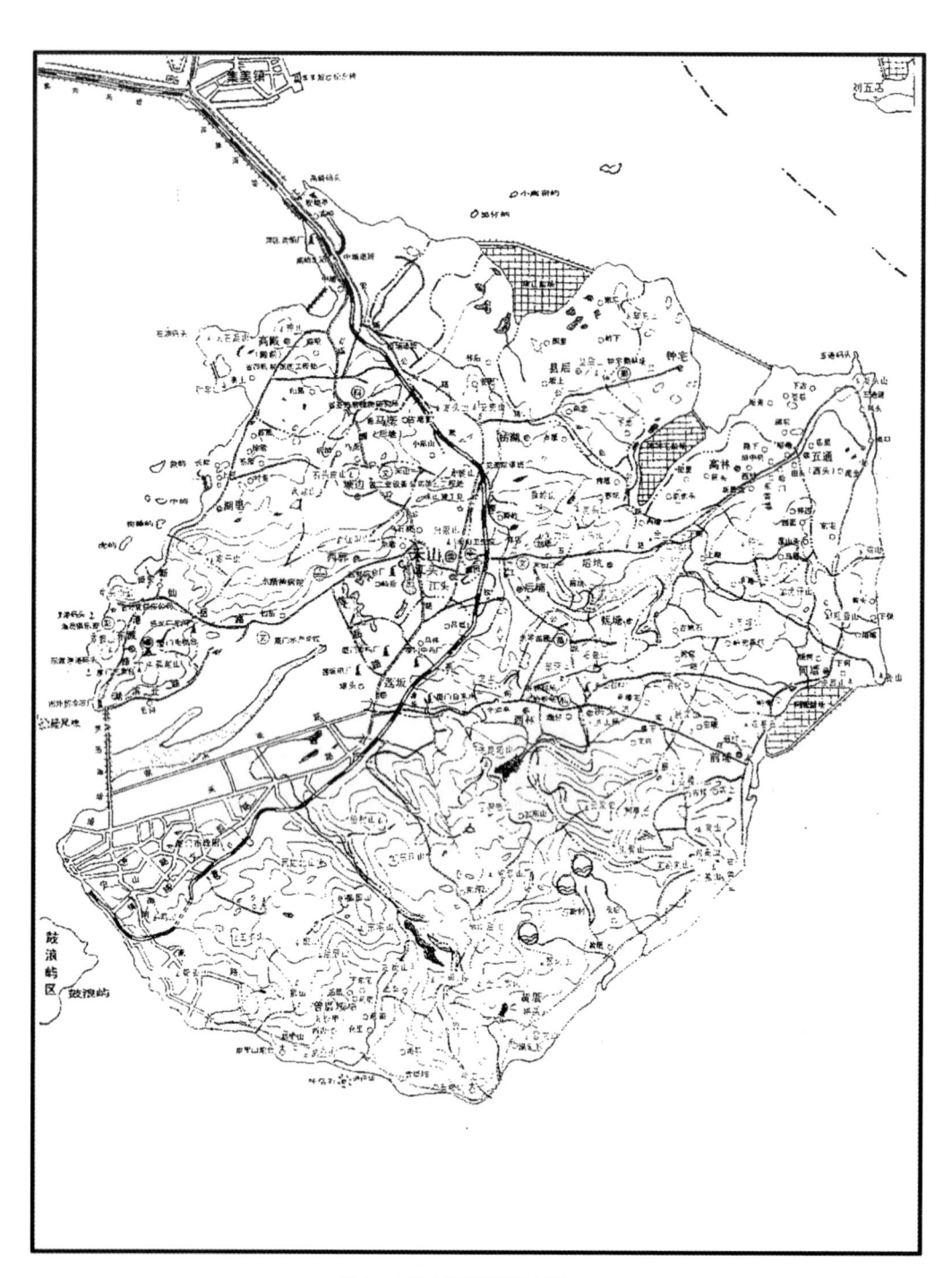

图4　1980年厦门岛地图

厦门地理环境的变迁——从地图看厦门岛的沧桑巨变

图5　2010年版厦门岛地图

一、厦门岛沧桑巨变的地理证据

浮屿——"浮"在海中的小岛

在清道光十九年（1839年）的古厦门岛地图上，筼筜港是个有15～16平方公里水面的天然古港湾；今天的厦禾路与思明北路交汇处的浮屿，是筼筜港口部的一个小岛，四周都是波涛滚滚的海水，名副其实是"浮"在海中的小岛，仅靠栈桥与厦门岛相连（图1）。浮屿原有座雷音殿，清乾隆年间，厦门诗人张锡麟登上浮屿并作《雷音观潮》诗："帝关登临岛屿浮，每逢潮至豁双眸。乾坤有意分朝暮，江海无心任意留。"自浮屿至开元路洪本部，原是一片又深又险的海面，因为时常溺毙人命，因此称"鬼仔潭"（位置约大同小学附近）。这片海域今天都成厦门市区，浮屿已成为最繁华闹市区，是厦门金融、商业、文化中心之一。

今天位于厦禾路和禾祥西路之间的美头山，100多年前居然是伸入筼筜港的小岬角，三面环海，相当一个半岛。以前的美头山是停泊船只的地方，因此美头山原名叫码头山。凤屿是筼筜港湾内一个小岛，上有座石筑的灯塔，这座古灯塔现在是湖明路上一座景观石塔。金榜公园有一处厦门名景"金榜钓矶"，矶者，顾名思义是水边突出的小石山，传说这里是厦门名士陈黯隐居垂钓的地方，金榜山濒临筼筜港是不成问

往昔凤屿古灯塔

现在是湖明路凤尾园内的一座景观石塔

图6 凤屿塔变迁

题的。沿今天的溪岸路—人民体育场—幸福街—海岸街，古时就是海岸线。而今天的厦门六中、眼科中心一带，古时"桅樯林立，番船辏集"。厦门工程机械厂附近的地名叫后江埭，埭是阻挡海水的土堤，顾名思义这里位于海滨。而今却是车水马龙、高楼林立的闹市区。

从古厦门岛地图我们还可以看到，第六市场的水仙宫在面对鼓浪屿岸边，紧靠原来的古码头——"岛美路头"。除水仙宫，还有和凤宫、妈祖宫都在海岸边。据史料记载，200年前，一位叫郁永和的人奉朝廷派遣去台湾采购硫磺，路过厦门时把船停泊在和凤宫外，人到庙中过夜。和凤宫后有一木桥，因此地名称为柴桥内（原永安堂大楼后面），就在原厦门第一百货公司附近，距离轮渡码头有1000多米。

回首妩媚旖旎筼筜渔火

凡是厦门老人，无不知道原厦门八大景之一的"筼筜渔火"。入夜之际，港内万点灯火，若隐若现，闪闪烁烁，勾勒出一幅美轮美奂的筼筜渔火名景。有清朝诗人蒋国梁的诗为证："万顷筼筜水接天，夜来渔火出云烟。辉煌千点官浔外，明灭三更凤屿前。"

要说厦门岛近代地理环境变迁最令人瞩目的，莫过于古港湾筼筜港变成今天的筼筜湖和筼筜新市区。筼筜港原是厦门岛天然的古港湾，从厦门岛西南岸向东北深入岛内约7~8公里，宽约2~3公里，水面有20多平方公里，由于港湾形态颇似大竹"筼筜"而得名。据《海澄县志》："港当汐时，中流一带。宛转纤长而未分歧，形如竹，故名筼筜。"浮屿、凤屿、美头山均在港湾内的海中。据厦门史学家潘文贵先生考证，郑成功收复台湾之前，便把大批水师船舰屯泊在筼筜古港。另外，筼筜港还是厦门通往海内外的港口，码头就在江头。1645年我国著名高僧隐元大师东渡日本创立了佛教黄檗宗，启棹处正是筼筜港内的古渡口江头。江头古渡所在的江头和禾山一带正是厦门岛古代文明的发祥地，近年来发掘的文物也证实这一点。以江头为中心的地区是古代厦门经济文化发达、人口相对比较集中的地方，正是利用江头依山傍水的地理环境优势。

作为一个从事地球科学工作40多年的老科技工作者，我曾经多年潜心对筼筜港成因的研究。笔者认为，筼筜港从地质构造的角度是个断陷港湾，是由二条北东向官浔—乌石浦—钟宅断层和文灶—龙山—坂美断层组成的筼筜港—钟宅湾断裂带形成的地堑构造发育起来的（见图7、图8）。这条

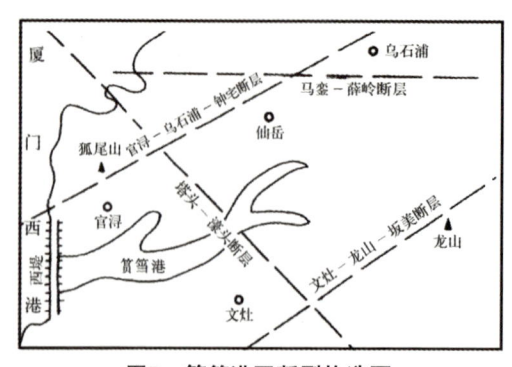

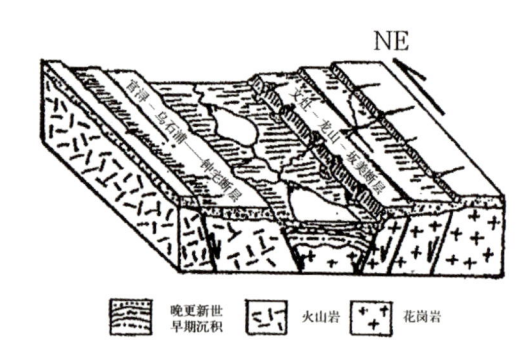

图7　筼筜港区断裂构造图　　　　　图8　筼筜港地堑形成示意图

断裂带大致发育于距今7000万年前的中生代晚期至新生代早期。断裂破碎带受到海水、海浪长时间的冲刷终于形成了港湾，即筼筜港和钟宅湾。筼筜港开始形成于约距今248万—73万年前的上新世晚期至更新世早期，港湾定型于距今40000—30000年前的更新世晚期。

在近200年筼筜港环境和水面有很大的变化。据薛起凤编纂的《鹭江志》称："清乾隆三十一年（公元1766年），筼筜港在城之北，长可十五六里，阔四里许。自竹树渡头至江头社，一弯如带，中有小屿，曰凤屿。又有浮沉石，潮至则浮，退则沉。海利所出，日可得数十斤。鱼虾之属，此为最美。"也就是说，当时的筼筜港水面有20平方公里左右，且盛产美味的鱼虾。100多年前，人们开始在筼筜港南岸填海造地，竹树脚附近的地皮大致是那时填造的，称为"新填地"。

至1919年，筼筜港水面已减少一半约为9.5平方公里，但那时的浮屿、凤屿依然还是海中小岛，美头山、金榜山均在南岸边。20世纪二三十年代，筼筜港进行大规模造地行动，填海造陆才修筑了厦禾路。至1938年港湾水域已剩不到9平方公里，浮屿、凤屿才与厦门岛连成一起，港湾尽头还在江头，吕厝涨潮时为小岛，退潮时才是陆地。

筼筜港区大规模填海造地工程是20世纪70年代。1970年7月，由于众所周知的原因，筼筜港开始围垦，在港湾口部筑起1700米长的堤坝围堵（即西堤），从此港湾成为封闭水体——筼筜湖，水面缩小至2.2平方公里。改革开放以来，这里继续填土提供一大片建筑用地，当年的筼筜港区逐渐建设成今天最繁华新市区，成为厦门行政、文化、商业、金融中心，水面退缩仅剩1.6平方公里（图9）。

尽管往昔旖旎的"筼筜渔火"已经风光不再，但今日繁华的筼筜新市

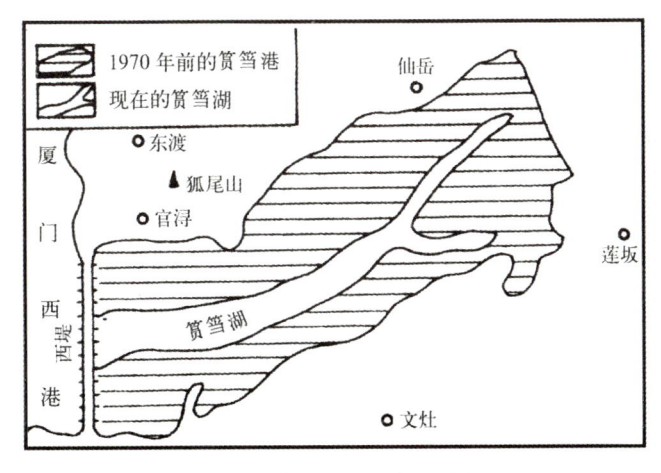

厦门地理环境的变迁——从地图看厦门岛的沧桑巨变

图9 筼筜港前后水面对比

区成为厦门改革开放 30 年建设成果的缩影，成为带动厦门房地产经济发展的航母。

深巷里的造船厂和岛内的码头——后路头

开元路有一条与第八市场毗邻的小巷叫舢舨寮，据考古工作者考证是原制造舢舨船的船厂，这里靠近海边应该不成问题。另一条横穿开元路、大同路的横竹路，历史上称神前澳。澳，据《现代汉语词典》："海边弯曲可以停船的地方。"从横竹路到民立小学的升平路，原来都是汪洋一片，今天我们走在这片摆满琳琅满目商品的街市时，殊不知还是在昔日的海面上漫步。

人们都知道，码头是专供停靠船舶、上下旅客和装卸货物的水工建筑。码头理所当然应修在海边。然而，在厦门岛腹地有古码头就奇怪了。在思明南路定安路口（老虎城）—九市一带，厦门人至今还习惯称"后路头"。路头，在厦门方言中专指旧式码头。人们不禁生疑，码头为什么不修在海边，却修筑在远离海岸的岛内腹地呢？原来，根据史料记载，从浮屿角沿今天的思明北路往南穿过中山路到原第九市场，船可以通航。据考证，从浮屿角—教工之家—南乔巷—局口街—定安路—台光路（新街礼拜堂前）—桥亭街—霞溪路—七市—双莲池—溪岸路—故宫路是一个古海湾（思明古海湾）。原定安路馥香堂蚊香店中的石塔，便是当年泊船系缆绳用的。

【213】

蕹菜河和蓼花路——厦门岛古河道的遗迹

厦门岛有不少地名反映出古地貌。如老市区大陆商厦后面（原新南轩酒店—妙香路），厦门老百姓称呼"蕹菜河"。蕹菜，俗称空心菜，闽南以前广泛在水田、河沟种植。蕹菜河就是古地图上残留的一段标名长寮河的（图1），是岛上排放污水的河道。由于河水污染严重，"无鱼虾之利"。但这里种植的水蕹菜，却长势相当好。由于这里河水脏污，蚊蝇丛生，1920年厦门大规模城市建设，蕹菜河才被填平建成市区。

与蕹菜河情况相似，厦门宾馆旁的蓼花路，也是由原来的蓼花溪填平建成的。蓼花，是一种生长在小溪的蓼科（Polygonum）水草开的穗状淡红或白色小花。在厦禾路与溪岸路之间的后河路，是由原龙船河填筑而成，历史上的龙船河是发源于阳台山、太平山的水系流入筼筜港最后河段。据地方志记载，每年端午节，厦门人聚集这里隆重举行龙舟大赛，可见它以前水深，河面宽阔。厦门岛这些古河道，如今都成为高楼林立的闹市区。至于霞溪路顾名思义，不用解释。

近年来，笔者接触了厦门许多大厦建设场地的工程地质资料。在不少钻孔岩芯中，发现沉积层的颗粒分选性和沙砾的磨圆度较好，冲积层的剖面上常见粒度韵律现象以及沉积旋回现象，具有斜层理指示流水方向，表现出明显的古河道沉积环境。譬如，从火车站—浦南—莲坂，笔者就认为地下有一条古河道存在。

古河道尽管已不再担负起河流的任何功能，但是，了解和认识古河道对城市的建设规划、建筑设计、工程施工，都具有十分重要的现实意义。如由古河道填筑而成的场地，软土地基相对较厚，工程地质条件较差，这里建的大楼对台湾或邻区发生的强地震，其反应比鼓浪屿、老市区花岗岩区的建筑物强烈得多。因此，这些地方的建筑物设计和施工的抗震设防尤为重要。

演武池，被遗弃的古泻湖

关于保护厦门市重点文物单位演武池的新闻一直有报道，成为电视、报纸的新闻热点。300多年前，民族英雄郑成功雄踞厦门开府思明，留下许多遗址。演武池，就是其中重要遗址之一。演武池位于厦门大学西村宿舍区旁，残存水面近10000平方米。对于演武池，地球科学工作者情有独钟，

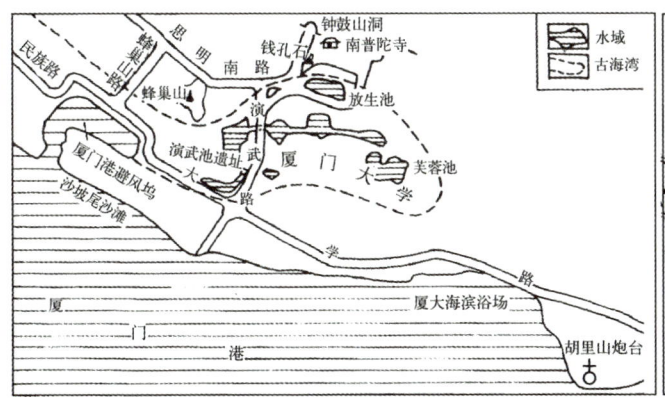

厦门地理环境的变迁——从地图看厦门岛的沧桑巨变

图10 厦门港避风坞古地理环境图

因为它是古代泻湖的残留部分。

泻湖（lagoon），是由沙坝、沙嘴或滨岸堤与海洋隔离开的海滨浅海湾。由于堆积作用的强度和时间的不同，有的泻湖仍有水道与大海相通或高潮时相通，海湾仍是咸水。像今天厦港沙坡尾的避风坞就是残存的泻湖，沙坡尾沙滩是泻湖外的沙坝、沙嘴。历史上这个海湾、泻湖范围要大得多，沙坝长度由沙坡尾沙滩连接厦大白城海滨浴场直抵胡里山炮台（图10），是由九龙江带来的泥沙堆积而成的。随着泻湖外堆积物增加，有的泻湖同海完全隔绝逐渐变为淡水湖，如我国著名的杭州西湖就是这样的古泻湖。随着地壳上升和堆积作用继续进行，有的泻湖还会被淤浅成为沼泽，甚至形成海岸平原。

据地质勘探和古地理环境考察，地质时期南普陀寺门前放生池、演武池、厦大西村、演武路、厦大操场、芙蓉湖这一大片区域都是海湾组成部分，海湾出口处就在沙坡尾避风坞一带。在郑成功据守厦门期间，这个古海湾又逐渐形成闽粤重要的渔港。现在民族路、冷冻厂一带当年还是一片海沙滩，旧的避风坞远不止今天这么小，一直深入到市区内的打石市街。

由于人工填土造地以及地壳缓慢上升的原因，才使原古泻湖大片水面逐渐消失变成陆地。时过境迁，这些地方或修建马路，或修建校园，或盖起高楼大厦，只有演武池保留了下来。

古港曾厝垵为何风光难再

　　厦门岛最南端的曾厝垵有一个自然村名叫"港口",距离海岸约700～1000米。查《厦门志》,这个地方400多年前还确确实实是港口,是最早厦门港所在地。据清道光十九年的《厦门志》卷四"港澳篇"载:"(曾厝垵澳)在厦门南海滨,与南太武山隔海相望。沙地宽平,湾澳稍稳,可避北风。"

　　由于晋江上游植被受到严重破坏,水土流失加剧,造成河道和港口淤塞,加之战争的破坏,朝廷的限制,宋元时代驰名世界的泉州港于明成化十年(1474年)宣布闭港。在这种情况下,九龙江口的月港(龙海市海澄镇)便应运兴起,成为东南沿海重要贸易口岸。由于月港水浅且水面小,便在厦门岛开辟一个外港。400年前海澄人张燮所写的《东西洋考》中记载,月港到东西洋贸易,均要在中左所接受检查,商船停泊于曾家澳候风信开驾。中左所便是厦门岛旧称,曾家澳就是今天的曾厝垵。曾厝垵古时称曾家澳、曾厝湾、曾厝垵澳等,所谓"澳"便是泊船的海湾。从胡里山炮台至白石炮台之间原是海湾,即曾厝湾(图11),岸线直抵港口村,使这里成为古口岸。

　　由此看来,曾厝垵曾作为当时月港的外港,承担起东南沿海贸易的重要转运口岸,有过一段辉煌的历史。今天为什么看不到巨轮商船,海面上千帆百樯的景象呢?

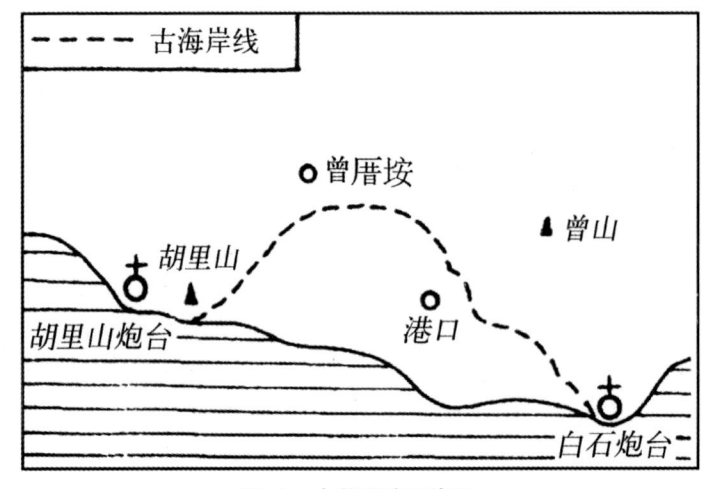

图11　古曾厝湾示意图

厦门地理环境的变迁——从地图看厦门岛的沧桑巨变

由于厦门的黄金沙滩主要由九龙江带来的泥沙堆积而成，因此，地理位置处于厦门岛最南端的曾厝湾，就成为接受堆积最主要的地方。通过地貌和第四纪地质调查证实，曾厝垵一带属海积阶地，是原来的曾厝湾被泥沙淤积形成的。仅仅几百年的历史沧桑，这个古海湾便被淤平了，这与九龙江沿岸水土流失严重，每年带来250万吨泥沙有关。"垵"在地理上指平缓的坡地，从曾厝湾、曾家澳、曾厝垵澳到曾厝垵这种地名的变更，反映出地理环境的变迁。

另一方面，我们再看看曾厝垵的海岸地貌。曾厝垵前面浅海大陆坡非常平缓，仅百分之二，从岸线到20米深的水域，距离超过1000米，已经不适宜现代大型船舶停靠，因此不再具备港口的优势。相反，鹭江道及东渡—石湖山、海沧等岸线，深水区紧逼岸线，深水岸线长达3000米和6000米，水深都在13米以上，最深达30米，万吨轮船随时可以进港停泊，成为良港便是必然的。

古港曾厝垵尽管已不再承担港口功能，但是这一带如今建成厦门岛最富魅力的观光海岸——环岛路，每年吸引成千上万海内外游客到这里休闲观光、旅游度假。

二、厦门岛沧桑巨变的原因

厦门岛近现代地理环境变迁，有自然原因，也有人为原因，其中又以人为因素即填海造陆为主。

自然因素——淤积及地壳运动

经过对厦门岛第四纪地质考察证实，这种沧桑变化中，前面所说的曾厝垵古港的消失和演武池的地理环境变迁的主要原因是由于九龙江泥沙淤积。除此之外，厦门岛的地壳一直处于缓慢上升状态，海水退去，出现一些海积阶地（marine terraca）。不过，这一过程经历的时间要漫长得多。厦门岛有许多海蚀地貌就是这种地壳上升的佐证，像金山、曾山这种海蚀地貌到处可见。如厦门名刹南普陀有一景点"钱孔"。"钱孔"是海蚀洞，原本是海岸边的礁石，受海水、海浪长年累月冲蚀形成的。以后地壳上升海水退去，出现一大片陆地，现在的"钱孔"离海边足足有1000米。标高在5～15米的厦大、文灶、江头、乌石浦等地，是近1万年至几千年全新世产生的一级海积阶地；标高在15～25米的后埔、蔡塘、柯厝等处是1万年前晚更新世晚期的二级海积阶地；标高在25～50米的仙岳、西郭、塘边则是产生年代更早的晚更新世早期的三级海积阶地。由此可见，地壳运动也是厦门地理环境变迁的因素之一。

人为因素——填海造陆

厦门岛人为因素的填海造陆行为，自古就有之，不过20世纪以来这种行为更为显著。厦门旧市区有一大片土地都是20世纪二三十年代往鹭江（厦鼓海峡）扩展，移山填海建成的。不仅是鹭江道、太古码头（和平码头），中山路泰山路口以外的大片市区原先都是海滩，20世纪20年代建设中山路时才逐渐填海建成的。

筼筜港区的地理环境变迁是有目共睹的，不再赘述。另外，人为填海造陆，也使厦门西港地理环境变迁十分巨大。厦门西港1952年还有水面110平方公里，是开放型港口。往南经九龙江口出海，往北经浔江到东海域。周围强大的海洋环流基本可以把九龙江及陆地带来的泥沙带出港区，故厦门港得天独厚，具备天然良港的优势。1955年高集海堤建成，厦门西港成半封闭式港湾，港区水流也发生较大变化，成为往复式潮流。1956年杏林海堤建成，水域减少14.9平方公里。1957年马銮海堤建成，水域减少13.7平方公里。20世纪80年代以后，西港建设一系列码头，不断填海造陆蚕食海域，到20世纪90年代西港水域缩小到52平方公里，只有50年代水域的47.27%。到21世纪初西港水域剩45平方公里，约只有20世纪50年代水域的40%。在1980年厦门岛地图上（图4），虎屿、狗睡屿、中屿、象屿还是独立的小岛，现在都建成海天码头、象屿码头、石湖山码头，这些岛屿都成了厦门岛陆地的一部分了。近年来，海沧区建设也在大量填海造陆蚕食西港海域，如建设未来海岸、滨海大道等工程。现在厦门西港的水域更大大缩小。由于近几十年西港地理环境巨大变化，大大改变厦门港及周边海洋动力条件，使港区淤积速率加剧。

21世纪以来，加快开发的东海域填海工程，使海洋地理环境变化更加巨大。20世纪90年代，厦门陆域面积1516.12平方公里，海域面积324平方公里；而2011年厦门陆域面积已达1699平方公里，增加的陆域便是填海造陆得来的。

三、厦门地理环境变迁（填海造陆）的影响

筼筜港——筼筜湖造成水环境污染及城市内涝

1970年7月，在筼筜港口部筑起1700米长的堤坝围堵（即西堤），从此港湾成为封闭水体——筼筜湖。40多年来，厦门市政府花费几十亿元用于治理筼筜湖水环境污染问题。

厦门岛原有"七池八河十三溪"，是城市天然排水系统。由于排水通畅，从来不发生城市内涝。然而不断发展的城市建设，改变城市的地理环境，破坏原有的城市排水系统。一场大雨能使湖滨南路、公园南门以及城市许多低洼地方汪洋一片。

海域地理环境

厦门西港和东海域（同安湾）地理环境变迁也十分巨大。1952年，厦门西港还有水面110平方公里，20世纪90年代西港水域缩小到52平方公里，只有20世纪50年代水域的47.27%。到21世纪初西港水域剩45平方公里，约只有20世纪50年代水域的40%。这极大改变厦门周边海洋动力条件，港湾纳潮量减少，流速减缓，潮波类型改变，如东海域（同安湾）现在和以前的流速比为1∶3。加速由九龙江带来的每年250万吨泥沙悬浮物在港区沉淀堆积，大量泥沙无法带出港区，造成港口淤积严重，石湖山—高崎15.8cm／年，宝珠屿7.3cm／年，鼓浪屿—嵩屿航道20～30cm／年，严重影响海港寿命。

笔者认为，自然环境是大自然经过千万年淘汰、选择所造就的。厦门岛和厦门港是地球内外营力共同作用，经过长时间地质演化的产物，我们只能顺应自然规律利用环境和改造环境。一旦破坏自然规律，我们必将受到大自然的惩罚。

保护厦门地理环境和自然条件优势，这是建设"美丽厦门"的必然要求，也是摆在每个厦门人和特区建设者面前的严肃课题。

原载《厦门科技》2014年第4期

参考文献

黄日纪:《嘉禾名胜记》,厦门市图书馆翻印,1980年5月。

薛起凤:《鹭江志》,厦门:鹭江出版社,1998年4月。

周　凯:《厦门志》,厦门:鹭江出版社,1996年3月。

陈安泽、卢云亭等:《旅游地学概论》,北京:北京大学出版社,1991年5月。

陈佩真、谢云声、苏警予:《厦门指南》,厦门:厦门新民书社,1931年。

洪卜仁、何丙仲、白桦:《厦门旧影》,北京:人民美术出版社,1999年9月。

李熙泰、林沙、何丙仲、骆仲敏:《厦门景观》,厦门:鹭江出版社,1996年1月。

彭一万、刘溪杰、方向、洪卜仁:《厦门风光》,福州:福建人民出版社,1981年6月。

孙煌(画):《厦门廿四景,今昔诗画》,《厦门晚报》1997年4月4日—6月22日。

吴雅纯:《厦门大观》,厦门:新绿书店,1947年。

厦门地理学会:《厦门经济特区地理》,厦门:厦门大学出版社,1995年12月。

厦门市地方志编纂委员会:《厦门市志》第一册,北京:方志出版社,2004年1月。

厦门市土地志编纂委员会:《厦门市土地志》,厦门:鹭江出版社,1996年11月。

谢在团等:《福建滨海旅游资源开发探索》,福州:福建人民出版社,1993年7月。

叶　清:《筼筜港成因初探》,《从筼筜港到筼筜湖》,厦门:厦门大学出版社,2003年。

叶　清:《环境地质与特区开发建设》,《福建地理》1987年第1期。

叶　清:《厦门城市潜在地震灾害及其对策》,《华南地震》1992年第12卷第4期。

叶　清:《筼筜港——筼筜湖地理环境变迁的影响》,《中国减灾》1999年第9卷第4期。

叶　清:《筼筜湖——钟宅湾运河开通的环境地质影响》,《华南地震》,2003年第23卷第4期。

叶　清:《鼓浪屿风景地貌成因及其开发前景》,《厦门科技》2002年第1期。

叶　清:《厦门未来海岸在哪里》,《厦门科技》2004年第5期。

叶　清:《厦门绮丽山水的由来——厦门岛风景地貌的特征》,《厦门科技》2014年第1期。

叶　清:《厦门地理环境的变迁——从地图看厦门岛的沧桑巨变》,《厦门科技》2014年第4期。

【后记】

2007年8月底，洪卜仁老先生征求我的意见，能否为《厦门文史丛书》撰写一本介绍厦门山和水的书，必须在11月底交书稿。虽然仅有三四个月时间，我还是不加思索把编撰书的任务应承下来，并与洪老商议书名定为《厦门绮丽山水》。虽然近十几年来，笔者先后参与《厦门经济特区地理》以及《厦门市志》"自然地理卷"编写，还发表过上百篇介绍厦门自然地理和风景地貌的文章，因此自以为把发表过的文章收集、整理，有一把剪刀和一瓶胶水便可以了。可是当我着手编撰这本书时，才发现这项工作远比我想象的困难多了。

《厦门绮丽山水》不能是一本通俗的导游手册，对于作者来说是一项全新的工作。本书是以介绍厦门岛风景地貌的特征和成因为主线，是一本科学性、知识性、趣味性、通俗性、文学性兼容的读物。作者试图从科技工作者的视角，以厦门二十四景作为主线，把厦门各种地貌景观和自然地理风貌串连起来介绍，让本地读者从中了解厦门山水由来的科普知识，让外地读者增加对厦门绮丽山水的认识。同时，它又不失是一份研究厦门自然地理的真实资料。

本书在编撰整个过程，深蒙洪老全力指导和帮助。由于本书编撰时间仓促，加上第一次承担编撰文史丛书的任务，缺乏经验。因此难免留下不少的遗憾，这只能争取今后有机会修改时弥补。

作为一位从事地球科学工作40年的老科技工作者，我深感保护厦门地貌景观资源，保护厦门自然地理环境，已经到了刻不容缓的地步，并把一些看法反映在书中的内容。

20多年前，国务院批准成立厦门经济特区时，就把"旅游"作为厦门重点发展的支柱产业之一。2001年底国务院《关于厦门总体规划的批复》中，再次确定厦门城市的性质是我国经济特区、东南沿海重要的中心城市、港口及风景旅游城市。

厦门作为风景旅游城市应该走怎样的发展道路呢？不能走深圳建设锦绣中华、民俗村等游乐场所之类大型人造景观的路，而应该紧紧依托厦门自然景观的魅力，这就是旖旎迷人的岛屿风情和充溢浪漫韵味的碧海蓝天。海与岛，二者紧密相连，唇齿相依。岛是厦门的本，海是厦门的魂。脱离二者，厦门将会失去三分之二的魅力，厦门旅游业也将无以为继。海洋、沙滩、阳光被国外称作3S黄金旅游热点，只有做好海与岛的文章，厦门才能走活建设风景旅游城市这盘棋。

风景旅游区开发，难免需要建设配套设施工程。笔者认为，风景区开发应本着"秉承传统，依托自然，保护资源，科学发展"。人工建筑应与自然景观和谐、协调。要植根于民族、地方特色，力求"简洁、洗练、纯粹"的理念。要认真进行可行性论证，合理规划，精心设计，千万不可喧宾夺主，破坏自然景观。风景区开发只有自然化，保存优美、优质的自然景观本底，才能满足世世代代子孙永续利用的需要。倘若急功近利，以追求眼前的经济利益而牺牲自然风景为代价，对风景名胜进行"建设性"破坏，这将是对子孙后代的贻害。

《厦门绮丽山水》的编撰，得到洪卜仁老先生、郑阿栗先生、陈安雅女士以及厦门市城建档案馆的同志无私帮助和指导，提供大量的文字资料、图片和照片。谨向他们表示谢忱！

叶清

2008年1月于厦门

【再版后记】

  2019年5月20日上午,我突然接到原《厦门晚报》总编辑朱家麟先生的电话,告诉我一个震惊的消息:厦门知名的文史专家、被人们誉为"厦门活字典"的洪卜仁老先生,于上午9时15分仙逝,享年92岁。

  一个多月前,92岁高龄身患多种疾病的洪老因来势凶险的肺炎,被紧急送入厦门中医院ICU病房抢救,通过有创呼吸机进行呼吸。我闻讯前往医院探视,虽然他还无法开口说话,但是精神状态很好。几次示意特护拿来写字板要与我笔谈,我制止了,笑着对他说等出院后到工作室谈个三天三夜。他面带笑容,双手抱拳致意。

  尽管对于这个噩耗传来我早有思想准备,但是还是感到突然。就在洪老辞世前一天,我和他合作指导的厦门工学院公共传播学2019届毕业生去医院探视他,回来告诉我:洪老已从ICU转入普通病房,虽然不能说话,但很激动,精神状态尚好。所以他突然离去,我还是有点意外。

  我与洪老结识已有30余年。近几十年来,我因对厦门地理环境变迁的探讨和研究,需要文史资料的支持和佐证,便找洪老讨教和帮忙。他非常热情,无私提供许多珍贵资料和图片。以后我们联系逐渐多起来,并成为无话不谈的朋友。洪老为人客气和善,他年长我十几岁,德高望重,但一直称呼我"叶老师"。我很不好意思,认为自己是晚辈,希望他直呼我的名字,他只是笑笑。

  洪老先生主持编纂厦门文史丛书,2007年8月,他希望我在一个月之内提供《厦门绮丽山水》20万字书稿,以便2008年初能够出版,发给市"两会"的代表和委员。我如约提交书稿,当时年届八旬的洪老亲自认真审稿和修改。样稿出来后,又帮助对文字和图片进行校对。应该说《厦门绮丽山水》的成功出版,倾注洪老先生很多心血。这本书成为畅销书,在不到半年时间便在厦门市新华书店售罄。洪老多年来一直多方奔走联系,希望该书能修改再版,并把一版抽掉的"厦门旧二十四景今何在"一章补上。现在终于如愿,以告慰洪老先生。

  洪老先生为厦门文史研究奋斗了一生,也劳累了一生,总算可以完全休息了。洪卜老——"厦门活字典",我们永远怀念您!

叶清

2019年12月于厦门